DON BOSCO
VERLAG

Kardinal Friedrich Wetter

ER ALLEIN TRÄGT

Weiheansprachen

Hrsg. von Fritz Weidmann

DON BOSCO

Die Deutsche Bibliothek – CIP-Einheitsaufnahme

Wetter, Friedrich:
Er allein trägt : Weiheansprachen / Friedrich Wetter.
Hrsg. von Fritz Weidmann. –
1. Aufl. – München : Don-Bosco-Verl., 1996
ISBN 3-7698-1005-8
NE: Weidmann, Fritz [Hrsg.]

verlags
gruppe
engagement

1. Auflage 1996 / ISBN 3-7698-1005-8

Umschlag: Felix Weinold
Titelbild: Der gute Hirt (erste Hälfte des 4. Jh.),
Museo Pio-Cristiano, Città del Vaticano
Foto Rückseite: Fritz Weidmann, Unterhaching
Gesamtherstellung: Salesianer Druck, Ensdorf

Gedruckt auf chlorfrei gebleichtem, umweltfreundlichem Papier.

Inhalt

"Entfache die Gnade Gottes wieder ..."
(2 Tim 1,6)

Bischof

"In der Mitte der Ihrigen wie Diener, gute Hirten
und wahre Väter"

Vorwort

In der Forderung, daß die Kirche den Menschen dient, zeichnet sich eines der Leitbilder des II. Vatikanischen Konzils ab, das heute mehr denn je Gültigkeit beansprucht. Jesus hat seinen Jüngern nicht das Herrschen, sondern das Dienen aufgetragen. Dieses Dienen hat sich in herausragender Weise im geistlichen Amt zu erweisen, das als Dienst an den Menschen angelegt ist.
Angesichts nicht weniger Mißverständnisse und verbreiteter Verständnislosigkeit, denen das geistliche Amt heute zunehmend ausgesetzt ist, und angesichts einer Verunsicherung bei Gemeindemitgliedern und Amtsträgern ist eine Rückbesinnung auf den Ursprung, das Wesen und den Auftrag dieses Amtes angezeigt. Je mehr das kirchliche Amt an die selbstlose und dienende Hingabe Jesu Christi rückgebunden ist, desto mehr erweist es sich auch für das Leben des Gottesvolkes in der Kirche als unverzichtbar und notwendig.
Vor diesem Hintergrund gibt das vorliegende Buch des Erzbischofs von München und Freising, in dem Ansprachen vereint sind, deren "Sitz im Leben" vorwiegend in Weihe- und Gedenkgottesdiensten auszumachen ist, wertvolle Impulse und Hilfen zu einer vertieften Sicht des geistlichen Amtes in der heutigen gesellschaftlichen und kirchlichen Situation. In diesen Ansprachen werden die Konturen des geistlichen Amtes in den Ordnungen des Diakons, des Priesters und des Bischofs deutlich, die in der Auslegung des Willens und der Stiftung Jesu wurzeln, wie sie in der Heiligen Schrift und der kirchlichen Überlieferung verbürgt sind. Dabei kommen Schlüsselbegriffe des Amtsverständnisses wie Berufung und Auswahl, Geheimnis (mysterium), Gemeinschaft (communio), Dienst (diakonia) und Sendung (missio) zum Tragen, die als Frucht einer theologischen Reflexion nach dem II. Vatikanischen Konzil die vorliegenden Ansprachen durchgängig be-

stimmen. Trotz der theologischen Dichte und Fundierung präsentieren sich diese Texte jedoch in einer verständlichen und vom Leser gut nachvollziehbaren Sprache. Hierzu trägt wesentlich bei, daß man an diesen Texten geradezu spüren kann, wie in ihnen das Engagement, die persönliche Betroffenheit und die eigene Erfahrung des Verkündenden ins Wort treten.
Somit legen diese Texte Zeugnis für das Mühen eines Bischofs um ebenso gültige wie entscheidende Anstöße für die notwendige Weckung und Erneuerung geistlicher Berufe ab. Dabei lassen sich tragfähige Perspektiven für die Unersetzbarkeit des geistlichen Amtes in Kirche und Gesellschaft ausmachen. Den Gemeinden wird zudem aufgewiesen, wie durch den Dienst der kirchlichen Amtsträger Begegnung mit Christus möglich wird. Für alle in die besondere Verantwortung eines kirchlichen Weiheamtes Gerufenen wie auch für alle Getauften, denen gemeinsam die Sorge um geistliche Berufe aufgetragen ist, verdeutlicht sich ohne Abstriche die Gültigkeit des Satzes: "Nur die Nachfolge schafft Nachfolger!" Es ist zu wünschen, daß möglichst viele Leserinnen und Leser diesen Ansprachen fruchtbare Anregungen für eine Neubesinnung auf das geistliche Amt entnehmen. Aus dieser vermag auch ein Klima zu entstehen, in dem junge Menschen ermutigt werden, den Ruf in die besondere Nachfolge des Herrn zu vernehmen.
Gebührender Dank sei an dieser Stelle Herrn Reinhold Storkenmaier vom Don Bosco Verlag, München, für die gediegene verlegerische Betreuung des Buches, den Herren Dr. theol. Manfred Negele und Dipl. theol. Manfred Riegger neben dem Mitbesorgen der Korrekturen für das Erstellen der Register sowie Frau Christine Dempf für die Reinschrift des Manuskripts gesagt.

Der Herausgeber

Berufung und Entscheidung

"Ich habe Euch erwählt"

Er erwählt

Liebe Alumnen, Ihr steht nun in der letzten Zeit der Prüfung, ehe Ihr zu Diakonen und Priestern geweiht werdet. Ihr müßt Euch darüber im klaren sein, daß der Herr Euch ruft. Denkt einmal an die Stelle im Evangelium, wo der Herr den Jüngern in der Nacht auf dem See Gennesaret entgegengeht und Petrus aus dem Schiff zu sich ruft: "Komm!" Petrus steigt aus dem Boot und geht auf Jesus zu. Er konnte nur aus dem Boot steigen, weil der Herr ihn gerufen hatte. Andernfalls wäre er sogleich untergegangen. Eure Entscheidung, die Diakonen- und Priesterweihe zu empfangen, gleicht jenem Ausstieg des Petrus aus dem Boot. Diesen Weg könnt Ihr nur gehen, wenn Jesus Euch ruft. Wenn es einer täte, ohne gerufen zu sein, würde er untergehen. Darum ist es so wichtig, Euch darüber klarzuwerden: Der Herr ruft auch mich, so wie er damals den Petrus gerufen hat. Die Initiative Eures Weges geht nicht von Euch aus, sondern vom Herrn. Er ist es, der erwählt und der beruft. Das war auch bei den Aposteln so. Es heißt bei Markus: "*[Er] rief die zu sich, die er erwählt hatte*" (Mk 3,13). Diese Erwählung durch Jesus geht auf den Vater zurück. Bevor er die Zwölf berufen hat, hat er die ganze Nacht durchgebetet. Aus dieser Zwiesprache Jesu mit dem Vater wuchs die Berufung der Zwölf. "*Nicht ihr habt mich erwählt, sondern ich habe euch erwählt*" (Joh 15,16). So war das bei den ersten Jüngern. So ist das auch heute bei uns. Eure Berufung entspringt der erwählenden Liebe Gottes. In souveräner Freiheit sagt er sein Ja zu Euch, in Freiheit sagt er zu einem jeden von Euch: "Komm!"

In Gemeinschaft mit ihm leben

An Euch ist es nun, auf die erwählende Liebe Gottes zu antworten, und das heißt, Jesus nachzufolgen. In den

Evangelien wird berichtet, wie der Herr die beiden Jüngerpaare Petrus und Andreas und dann Jakobus und Johannes ruft: "*Kommt her, folgt mir nach!*" (Mt 4,19). Sie lassen alles liegen und stehen und kommen. Da geht es nicht um große Worte, es geht um Nachfolge. Das ist die Antwort, die auch wir mit unserem Leben zu geben haben. Nachfolgen heißt, sein Leben mit Jesus teilen. Wir können in der Heiligen Schrift nachlesen, was das bedeutet: Es geht darum, mit Jesus auch sein Schicksal zu teilen.
Dazu müssen die Jünger bereit sein. Für Euch bedeutet das, immer mehr in das Leben Jesu hineinzuwachsen. Betrachtet das Leben Jesu in der Heiligen Schrift. Dabei ist wichtig, nicht nur anzuschauen, wie es damals war, sondern selbst hineinzuwachsen in die Haltung Jesu, damit wir ein Leben führen, wie es Jesus gelebt hat. So könnt Ihr mit Eurem Leben Antwort geben. Ihr lebt nicht allein, Ihr lebt immer in der Gemeinschaft mit Jesus Christus.

Den Ruf vernehmen

Wie vernimmt man den Ruf des Herrn? Wie hört man, daß er sagt: Komm! Das ist ganz verschieden, bei jedem anders. Der eine hört den Ruf schon in der Kindheit, andere hören ihn während der Jugendzeit, wieder andere, nachdem sie schon einen anderen Beruf ergriffen und eine Ausbildung abgeschlossen haben. Bei vielen geht das so, daß dieser Ruf erst langsam wächst. Andere können berichten: An diesem Tag, zu dieser Stunde ist der Ruf des Herrn an mich ergangen.
Interessant ist, wie Romano Guardini berichtet, wie er den Ruf des Herrn vernommen hat. Er war ein hochbegabter junger Mann, der begann, Chemie zu studieren. Dabei hat er bald gemerkt, daß er auf dem falschen Gleis ist. Dann berät er sich, geht nach München und beginnt, Nationalökonomie zu studieren. Auch hier findet er nicht, was er sucht. In seiner Verzweiflung wech-

selt er den Studienort und geht nach Berlin, um dort Nationalökonomie zu studieren. Aber die Schwierigkeiten bleiben. Er kommt mit diesem Studium einfach nicht zurecht. In seinen Aufzeichnungen hält er fest, wie er am Sonntag zum Gottesdienst in die Dominikanerkirche ging und was ihm dort widerfuhr: "Ich befand mich in einem sehr schlimmen Zustand. Wie ich den kollektierenden Laienbruder ruhigen Gesichts mit seinem Klingelbeutel umhergehen sah, beneidete ich ihn inbrünstig. Und plötzlich kam mir der Gedanke: Könntest du nicht das gleiche tun wie er, dann hättest du Ruhe. Dann ging der Gedanke aber sofort weiter. Nein, Laienbruder nicht, aber du könntest Priester werden. Und da war es, als ob alles ruhig und klar würde. Ich ging mit einem Glücksgefühl nach Hause, wie ich es seit langem nicht mehr empfunden hatte."

Sich ihm stellen

Daraufhin verläuft sein Weg ruhig und gerade weiter. Was Romano Guardini beim Anblick dieses Dominikanerbruders erlebt hat, das kann sich auch in einem langsamen Reifen und Wachsen herauskristallisieren. Aber irgendwann müßt auch Ihr einmal an den Punkt kommen, daß Ihr den inneren Frieden verspürt und merkt: ja, der Herr will mich haben, er ruft mich. Er sagt auch zu mir: "Komm!", wie er es zu den Aposteln gesagt hat. Bei diesem Prozeß gilt es, immer auf Jesus zu schauen, nicht auf die Wellen, die Petrus zu verschlingen drohen, als er nicht auf Jesus schaut. Wenn Ihr nur auf die Wellen, die Turbulenzen in der Kirche schaut, geht Ihr unter. Ihr müßt auf Jesus schauen und bereit sein, Euch seinem Ruf zu stellen, und das heißt, Euch auch seinem Anspruch zu stellen. Ihr dürft nicht aus dieser Verantwortung fliehen.

In seinem Schreiben über das Priestertum "Pastores dabo vobis" hat der Heilige Vater vor einigen Jahren im Hinblick auf die Welt, in der wir leben, gesagt: "Als

Gefangene des flüchtigen Augenblicks suchen sie, möglichst starke und befriedigende individuelle Erlebnisse im Bereich direkter Emotionen und Gefühle zu konsumieren, was unweigerlich zur Folge hat, daß sie dem Anruf zu einem Lebensentwurf geistlicher und religiöser Dimension, der das Bemühen um Solidarität einschließt, gleichgültig gegenüberstehen."
Dieser Situation sehen wir uns gegenüber. Deshalb gilt es, nicht auf den Konsum von Emotionen und Gefühlen bedacht zu sein, sondern unverwandt auf Jesus Christus zu schauen. Ihr braucht dabei nicht ängstlich zu sein, daß Euch etwas entgeht. Wer auf Jesus setzt, geht nicht leer aus.

Bereit, alles zu geben

Im Evangelium hörten wir dazu ein Exempel. Da sind Schriftgelehrte aufgetreten, die darauf bedacht waren, groß vor den Menschen dazustehen und daß ihnen nichts entgeht. Aber es sind nicht die Schriftgelehrten, es ist die arme Witwe, die uns Jesus als Beispiel vor Augen stellt. Sie wirft zwei Pfennige in den Opferkasten, mehr hat sie nicht. Aber damit hat sie alles hergegeben. Darauf kommt es bei Jesus an. Ihm gegenüber darf man nicht kleinlich sein, ihm muß man alles geben, denn auch Jesus gibt uns alles. In diese Haltung müßt Ihr Euch immer mehr hineinleben, dann wird sich auch bei Euch jene innere Freude, Ruhe und Sicherheit einstellen, wie sie Guardini von sich berichtet. Ihr habt sicher schon die Erfahrung gemacht, daß Euch eine Entscheidung mehr Freude bereitet als eine andere. So ist das auch bei der Entscheidung für das Priestertum. Durch sie findet Ihr den inneren Frieden und die Gewißheit, den richtigen Weg eingeschlagen zu haben. Das schließt ein, daß Ihr auch die Konsequenzen für Euer Leben daraus zieht. Denn sonst bleibt es bei halben Schritten, und mit halben Schritten kommt man nicht zum Ziel.

Es geht hier immer um die Ganzheit. An Euch ergeht der Ruf in Liebe, und darauf kann man nur antworten mit seiner eigenen Liebe. Das ist die einzig adäquate Reaktion auf den Ruf des Herrn. Ihr braucht davor keine Angst zu haben. Euch wird nichts entgehen. Die Entscheidung für Gott macht niemanden ärmer, sondern nur reicher. Gott führt Euch nämlich mit seinem Ruf nicht am Leben vorbei, sondern in die Fülle des Lebens. "*Ich bin gekommen, damit sie das Leben haben und es in Fülle haben*" (Joh 10,10). Nicht das, was uns heute an Fülle des Lebens vorgegaukelt wird, ist wirklich Fülle des Lebens. Wer die Fülle des Lebens sucht, der findet sie, aber nur in Jesus Christus. Er bereichert nicht nur Euch, er will durch Euch auch andere teilhaben lassen an seiner Lebensfülle, all jene Menschen, die Eurer Sorge einmal anvertraut werden. Dem Ruf seiner Liebe könnt Ihr Euch ohne Zögern anvertrauen. Denn er führt Euch in die Fülle des Lebens.

Admissio, 6.11.1994, Erzbischöfliches
Priesterseminar, München

Entscheidung für das ganze Leben

Liebe Alumnen, ein Freund aus meiner Schulzeit studierte nach dem Abitur Physik. Nach dem Diplom begann er mit der Doktorarbeit. Dazu mußte er verschiedene Experimente durchführen. Und da passierte es. Die Apparatur explodierte, ein Glassplitter zerstörte das linke Auge, und mit dem rechten konnte er auch nicht mehr sehen. Zwar bestand Hoffnung, daß dieses Auge wieder seine Sehkraft zurückerhielte, aber letzte Sicherheit hierfür gab es nicht.
Wenige Wochen zuvor hatte er sich verlobt. Die bestürzte Braut fuhr sofort in die Klinik, um nach ihrem Bräutigam zu schauen. Dieser sagte ihr, er wisse nicht, ob er noch einmal sehend werde; er könne ihr nicht zumuten, einen blinden Mann zu heiraten, sie sei nicht mehr an das Verlobungsversprechen gebunden und frei.
Wie reagierte die Braut? Sie erklärte ihm, sie werde ihm dennoch treu bleiben, ihn heiraten und für ihn sorgen, auch wenn er für immer blind bleibe. Jetzt brauche er erst recht Hilfe. Gott sei Dank wurde das rechte Auge geheilt, der Mann konnte den angestrebten Beruf ausüben. Und inzwischen sind die beiden bald 40 Jahre glücklich verheiratet.

Entscheidung aus liebender Hingabe

Warum erzähle ich Euch das? Ihr bereitet Euch ja nicht auf die Ehe vor, sondern auf ein eheloses Leben um Christi und des Himmelreiches willen. Dazu müßt Ihr eine Entscheidung treffen, die Euer ganzes Leben bestimmt und ihm seine Form gibt.
Am Handeln der Braut könnt Ihr sehen, in welchem Bereich Ihr Eure Entscheidung für das Priestertum und die mit ihm verbundene Lebensform der Ehelosigkeit fällen müßt: nicht im Bereich des Abwägens der Gründe für

und wider, sondern im Bereich liebender Hingabe, in dem nicht mehr gezählt und gerechnet wird.
Die beiden jungen Leute, von denen ich Euch erzählt habe, mußten zunächst auch eine Phase durchlaufen, wo sie die Gründe für und wider abgewogen haben, ob sie zueinander passen und miteinander ihr Leben gestalten können. Diese Phase mündete dann aber in eine neue Phase ein, in der das Abwägen der Gründe aufhörte und die beiden von innen heraus wußten: wir gehören zusammen.

Ihn immer tiefer "kennenlernen"

So ergeht es auch Euch auf Eurem Weg zum Priestertum. Zunächst überlegt Ihr Euch, was dafür spricht, diesen Weg zu beschreiten und welche Bedenken dagegenstehen. Das ist die Phase des Abwägens von Gründen dafür und dagegen. Das hat seinen Sinn und ist notwendig. Aber dort dürft Ihr nicht stehen bleiben, sondern müßt voranschreiten in den Bereich, in dem das Zählen und Abwägen immer mehr zurücktritt und schließlich seine Bedeutung verliert, weil Ihr von innen heraus wißt: Jesus ruft mich. Er hat mich erwählt, ihm in einem ehelosen Leben nachzufolgen und als Priester den Menschen zu dienen. Er selbst geht diesen Weg mit mir, daß ich erfüllen kann, was er von mir erwartet und was ich ihm verspreche.
Blaise Pascal hat in seinem berühmten Wort die beiden Bereiche klar unterschieden: "Das Herz hat seine Gründe, die der Verstand nicht kennt." Im Johannesevangelium wird uns dies in der Salbung Jesu in Bethanien vor Augen geführt. Maria nimmt ein Pfund echtes, kostbares Nardenöl, salbt Jesus die Füße und trocknet sie mit ihrem Haar. Judas erhebt Einspruch: "*Warum hat man dieses Öl nicht für dreihundert Denare verkauft und den Erlös den Armen gegeben?*" (Joh 12,5). Wie vernünftig und sozial klingt die Frage des Judas. Und doch hat die verschwenderisch salbende Maria das

Richtige getan. Sie hat nicht rechnerisch mit dem Verstand abgewogen, sondern mit dem Herzen intuitiv erkannt, worum es bei Jesus geht. So müßt auch Ihr mit dem Herzen erkennen, daß Jesus Euch ruft, und mit dem Herzen entscheiden, ihm zu folgen.
Wie kommt Ihr dahin? Wie kommen denn Brautleute zu ihrer Entscheidung? Indem sie sich immer besser kennen- und einander verstehenlernen und so einander immer näher kommen. Dies geschieht im Gespräch und gegenseitigem Austausch und im gemeinsamen Erleben. Genau so ist das auch bei Euch. Ihr müßt Jesus immer tiefer kennenlernen, um ihn besser zu verstehen, und ihm so immer näher kommen. Dies geschieht, wenn Ihr betet. Denn beim Beten begegnen wir dem Herrn, öffnen uns vor ihm, tauschen uns mit ihm aus. Dadurch kommen wir ihm näher und wachsen immer tiefer in ihn hinein.

Sich auf ihn einlassen

Und Ihr müßt mit Jesus Erfahrungen machen, indem Ihr Euch auf ihn einlaßt. Er spricht zu Euch und sagt Euch, was Ihr tun sollt, zum Beispiel wenn Ihr die Heilige Schrift hört oder lest. Darin spricht er Euch sehr persönlich an. Ihr aber müßt Euch ansprechen lassen und darauf eingehen. Ein eindrucksvolles Beispiel hat Euch der heilige Franziskus gegeben. Es war am 24. Februar 1209 im Portiunkula-Kirchlein in Assisi. Das Evangelium wurde gelesen, demzufolge Jesus seine Jünger aussandte und ihnen die Lebensform des Evangeliums gab, daß sie kein Geld im Gürtel haben sollten und keine zwei Röcke und keine Schuhe. Franz fühlte sich persönlich angesprochen und setzte es buchstäblich in die Tat um. Aus dem Sohne des reichen Tuchhändlers Bernadone wurde der arme Franz von Assisi. Mit offenem, bereitem Herzen hörte Franziskus im Evangelium den Ruf des Herrn und folgte ihm. So machte er

seine Erfahrung mit Jesus, die seinem Leben Richtung und Gestalt gab.
Ebenso dürft auch Ihr mit Jesus Eure Erfahrungen machen und ihm dabei immer näher kommen, bis Ihr von innen heraus mit den Augen Eures Herzens erkennt: Der Herr ruft mich; er hat mich erwählt, ihm in einem ehelosen Leben nachzufolgen und in seinem Namen als Priester den Menschen zu dienen.

Admissio, 7.11.1993, Erzbischöfliches Priesterseminar, München

Der entscheidende Maßstab

Möglichkeiten der Menschen - Möglichkeiten Gottes

Im Evangelium (Lk 20,27-38) hörten wir, wie einige Sadduzäer Jesus eine Falle stellen, ja ihn lächerlich machen wollen. Sie sprechen von einer Frau, die nacheinander sieben Brüder zum Mann gehabt hatte, und fragen Jesus: *"Wessen Frau wird sie nun bei der Auferstehung sein? Alle sieben haben sie doch zur Frau gehabt"* (Lk 20,33). Was sie sagen, ist so plausibel, und doch liegen sie mit ihrer Frage falsch. Denn ihr Maßstab sind die Gesetze der Biologie, Vorgänge, die unserer Erfahrung zugänglich sind. Solche Gesetzmäßigkeiten haben ihre Geltung und ihre Bedeutung. Aber sie sind nicht alles und schon gar nicht das Entscheidende.

Dem stellt Jesus seinen Maßstab entgegen: den lebendigen Gott, der die Toten erweckt und darin eine Macht erweist, die alle Gesetzmäßigkeiten der Natur und den Bereich unseres Erfahrens weit übersteigt. Selbst der Tod setzt dem Handeln Gottes keine Grenzen. *"Für ihn sind alle lebendig"* (Lk 20,38). Der Maßstab der Sadduzäer sind die menschlichen Möglichkeiten. Der Maßstab Jesu aber sind die Möglichkeiten Gottes.

Den richtigen Maßstab anlegen

Was Jesus damals erlebt hat, erleben wir auch heute. Wie Jesus stößt auch seine Kirche auf Verständnislosigkeit. Oft genug bleibt es nicht bei Verständnislosigkeit, sondern äußert sich auch in Spott und Häme. Jene, die die Kirche repräsentieren, bekommen dies besonders zu spüren - der Papst, die Bischöfe und auch die Priester. Wahrscheinlich habt auch Ihr schon solche Erfahrungen gemacht, weil Ihr auf dem Weg zum Priestertum seid. Diese Spannung ist nur durchzustehen, wenn man den richtigen Maßstab hat, den Maßstab Jesu.

Das ist auch für Euch wichtig. Denn Ihr steht in einer Entscheidung, die für Euer ganzes Leben grundlegend ist, in der Entscheidung für den Zölibat, die Ehelosigkeit um des Himmelreiches willen. Dagegen werden Gründe vorgebracht, die so plausibel sind wie der Casus, den die Sadduzäer Jesus vortragen. Man kann kaum etwas dagegenstellen, solange man sich auf derselben Argumentationsebene aufhält, d.h. dieselben Maßstäbe anlegt. Ihr müßt für Eure Entscheidung den richtigen Maßstab anlegen.

Der Ruf in Gottes große Liebe

Seht Ihr die Ehelosigkeit nur von innerweltlichen Erfahrungen und Euren Empfindungen her? Oder seht Ihr den Zölibat auch im Lichte Gottes? Seht Ihr ihn als Weg in Isolation und Vereinsamung, oder als Ruf Gottes in eine große Liebe, in die Freundschaft mit Jesus, in eine Gemeinschaft mit Herzlichkeit und Zuneigung, die aber anderer Art ist als die Ehe?
Diese Lebensform steht dem Priester gut an. Denn er ist doch Zeuge nicht dieser vergehenden Welt, sondern jener Welt, in der die Menschen an der Auferstehung teilhaben und nicht mehr heiraten, wie Jesus sagt (Lk 20,35). Der Priester ist Bote und Zeuge einer Welt, die von der Kraft Gottes geprägt ist, der die Toten zum Leben erweckt, das das Leben in unserer Welt himmelweit übertrifft.

Der ruft, ist treu

Ihr seid auf dem Weg zum Priestertum und steht in der Entscheidung Eurer Lebensform, der Ehelosigkeit um des Himmelreiches willen. Trefft Eure Entscheidung nicht mit dem Maßstab der Sadduzäer, sondern mit dem Maßstab Jesu, das heißt auch im Vertrauen auf den, der Euch ruft und treu ist. Auf den Herrn ist Verlaß. Er geht mit Euch durch Euer ganzes Leben, so daß Ihr nie allein seid. Vergeßt darum nie den Maßstab Jesu!

Admissio, 8.11.1992, Erzbischöfliches Priesterseminar, München

Diakon

"Erfüllt vom Glauben und vom Heiligen Geist"

(Apg 6,5)

"Es ist herrlich, Christus zu dienen"

(Johannes Paul I.)

Wir alle sind in dieser Stunde Zeugen einer Lebensentscheidung. Das Jawort, das unsere Weihekandidaten nachher geben, ist nicht gedacht für ein oder zwei Jahre, sondern für immer, ein für allemal. Aber die Initiative zu diesem Jawort liegt nicht bei ihnen. Ihr Wort ist eine Antwort auf den Ruf dessen, der sie gerufen und erwählt hat. Gott ruft sie in seinen Dienst: Nicht zur Probe für eine bestimmte Zeit, solange sie Lust haben, sondern für immer. Er meint es absolut ernst mit seinem Ruf und seiner Erwählung.

Ja, liebe Brüder, Gott hat Euch ein für allemal erwählt und gerufen, weil er Euch braucht und weil er Euch liebt. Er will, daß Ihr ihm dient. Er hat Euch zu einem besonderen Dienst in seiner Kirche erwählt und in seine besondere Nähe gerufen. Ihr sollt bei ihm sein, damit Ihr mit ihm dienen könnt, und Ihr sollt so leben wie er, damit Ihr dienen könnt wie er. Darum geht es nachher bei Eurer Antwort auf die Fragen, die ich an Euch richte, Fragen, die in die tiefste Tiefe gehen.

Wie komme ich überhaupt dazu, Euch solche Fragen zu stellen? Ich kann Euch diese Fragen nicht im eigenen Namen stellen, ich stelle sie Euch im Namen des Herrn, der Euch gerufen hat. Und die Antwort, die Ihr mir nachher gebt mit Eurem immer wiederholten "Ich bin bereit", die geht durch mich hindurch auf den Herrn hin!

Vorbehaltlose Hingabe an den Herrn als Lebensform

Die erste Frage: "Seid Ihr bereit, zum Zeichen Eurer Hingabe an den Herrn den Zölibat auf Euch zu nehmen und für immer in dieser Lebensform Gott und den Menschen zu dienen?"

Ihr sollt um des Himmelreiches willen auf die Ehe verzichten. Ist das nicht eine Zumutung? Wird da nicht von Euch verlangt, ein Stück Eures Menschseins wegzugeben? Ihr wißt, daß darüber viel hin- und hergeredet wird. Aber es gibt im letzten nur eine Antwort, die alles entscheidet. Sie heißt: Jesus Christus. Er ist der neue Adam, der vollkommene Mensch. Und weil er so gelebt hat, darum ist es möglich, ebenfalls so zu leben: in der restlosen, vorbehaltlosen Übereignung an Gott.
Ich kann Euch nicht raten, auf eigene Faust diesen Weg zu beschreiten, aber ich kann Euch nur ermutigen und ermuntern, diesen Weg im Vertrauen auf Jesus zu gehen. Verbunden mit dem Herrn so zu leben, wie er gelebt hat: Das muß Eure Lebensform sein. Wenn Ihr nachher Eure Bereitschaft zu dieser Ehelosigkeit um Christi willen bekundet, dann entscheidet Ihr Euch nicht für weniger, sondern für mehr Liebe, für die größere Liebe, die der braucht, der ganz dem Herrn gehört, um mit ihm ganz den Menschen zu gehören. Ihr verzichtet auf eine eigene Familie. Das ist ein Opfer. Aber dafür wird Euch die Familie Gottes anvertraut, und für diesen Dienst braucht Ihr diese größere Liebe, dieses Mehr an Liebe. Gebt darum ohne Vorbehalt nachher Euer Jawort, indem Ihr Euch dem Herrn angleicht, um so zu leben, wie Jesus gelebt hat, um dann, mit ihm in der Liebe verbunden, den Menschen so zu dienen, wie er ihnen gedient hat.

Begegnung mit dem Herrn im Gebet

Die zweite Frage, die wir bedenken wollen, lautet: "Seid Ihr bereit, Männer des Gebetes zu sein und getreu das Stundengebet für die Kirche, ja für die ganze Welt zu verrichten?"
Ihr verpflichtet Euch, das Stundengebet getreu zu verrichten, nicht nur jeden Tag zu beten, sondern jeden Tag mehrmals. Kann man so etwas regeln durch eine Vorschrift, durch ein Gebot? Ist das Gebet nicht viel-

mehr eine Sache des Herzens? Diese äußere Verpflichtung gleicht einem Zaun, der uns daran hindern soll, die Grenze in die Gleichgültigkeit und in die Lauheit zu überschreiten. Bei dieser Verpflichtung geht es nicht nur darum, die einzelnen Tagzeiten des Stundengebetes getreu zu verrichten. Es geht um viel mehr.
Männer des Gebetes sollt Ihr sein! So wie die Ehelosigkeit eine Lebensform darstellt, so soll das Gebet eine Lebensform, Eure Lebensform werden. In diesem Gebet geht es um Großes: um die Begegnung mit dem Herrn. Nur aus dieser Begegnung mit dem Herrn könnt Ihr Euren Dienst tun. Schaut auf Jesus Christus! Als sich die anderen schlafen legen, steigt er allein auf den Berg, um die Nacht hindurch mit dem Vater Zwiesprache zu halten. Morgens, als sie aufstehen, finden sie ihn nicht und sie suchen ihn. Draußen finden sie ihn, in der Einsamkeit beim Beten. Im Gebet begegnen wir Gott. In diesem Gebet, in seinem Beten, ist Jesus jedesmal vor den Vater hingetreten. Aus dieser Verbundenheit mit dem Vater heraus ging er zu den Menschen, so daß die Menschen, wenn sie ihn sahen, den Vater sahen. So müßt Ihr immer wieder als Menschen des Gebetes dem Herrn begegnen, damit die Menschen, die Euch begegnen, in Eurem Dienst Christus begegnen. Wenn Ihr nicht Männer des Gebetes werdet, dann trocknet Eure ganze Tätigkeit aus. Sie wird klingende Schelle, tönendes Erz. Werdet Männer des Gebetes, damit Ihr wirklich Christus zu den Menschen bringen könnt!

Gehorsam, der Halt gibt

Die letzte Frage, die ich Euch stelle, heißt: "Versprichst Du mir und meinen Nachfolgern Ehrfurcht und Gehorsam?"
Gehorsam ist in unserer Gesellschaft fast ein Fremdwort geworden. Einmal sagte jemand zu mir: "Gehorsam, das ist menschenunwürdig. Da werde ich in meiner Freiheit begrenzt. Da habe ich nicht mehr die Möglich-

keit, mich zu entfalten und mich selbst zu verwirklichen." Auch da kann man viel dafür und dagegen sagen. Auch da ist Christus die entscheidende Antwort, er, der für uns gehorsam geworden ist bis zum Tod, bis zum Tod am Kreuz! So hat sich Christus verwirklicht, indem er sich hingegeben hat im Gehorsam gegen den Vater, um uns zu erlösen: *"Meine Speise ist es, den Willen dessen zu tun, der mich gesandt hat"* (Joh 4,34). Jesus lebt geradezu von diesem Gehorsam, und ohne diesen Gehorsam wäre er nicht der, der er ist!

Ihr versprecht mir, Eurem Bischof, Ehrfurcht und Gehorsam und bindet Euch damit an die konkrete Kirche von München und Freising. Ihr werdet mit dieser Weihe in diese Kirche inkardiniert. Das Wort kommt vom lateinischen "cardo", das ist die Türangel. Die Türangel gibt der Tür Halt, und wenn eine Tür nicht mehr in den Angeln ist, dann tut sie ihren Dienst nicht mehr, dann liegt sie höchstens als Hindernis im Wege. Die Kirche von München und Freising, der Dienst in dieser Kirche, das ist Eure Türangel, um die sich Euer Leben fortan bewegen muß. Ein Diakon, ein Priester, der nicht gehorchen würde, sich nicht einfügen würde in diese konkrete Kirche - nicht in eine ideal gedachte Kirche, sondern in diese konkrete Kirche, so wie sie ist -, der gliche einer Tür, die nicht mehr in ihren Angeln hängt. Dieser Gehorsam, diese Bindung an die konkrete Kirche nimmt Euch nicht Eure Freiheit; im Gegenteil, sie gibt Euch Halt, so wie die Angel der Tür Halt gibt, und gibt Euch damit die Möglichkeit, Euch zu entfalten als Diener der Kirche, als Diener Jesu Christi. Dieser Gehorsam engt Euch nicht ein, er bindet Euch an Jesus Christus und führt Euch so in die Weite und in die Freiheit Jesu Christi. Dazu müßt Ihr sagen: Ich bin bereit, und zwar aus ganzem Herzen.

In der Kraft des Heiligen Geistes gesandt

Aber dieses Euer Wort ist nicht das letzte Wort dieser Stunde. Das letzte Wort spricht der Herr durch eine Tat, die er an Euch vollbringt, indem er Euch zu seinen Diakonen weiht. Ich bin nur das Instrument, durch das er das tut. Er selbst weiht Euch zu Diakonen. Und in dieser Tat zieht er Euch an sich, so wie ein Liebender das geliebte Du an sich heranzieht. Auf dem Höhepunkt der Weihepräfation werde ich nachher singen: "Sende herab auf sie, o Herr, den Heiligen Geist, den Geist Gottes, der das Band der Liebe zwischen Vater und Sohn ist." Diesen Geist schenkt Euch Gott in dieser Stunde aufs neue. Ihr habt ihn schon empfangen in der Taufe, in der Firmung, aber nun wird er Euch noch einmal auf neue Weise geschenkt, und dadurch werdet Ihr noch einmal auf neue und auf innigere Weise mit dem Herrn verbunden, damit er Euch in seine Kirche sende, zu den Menschen, die er liebt und denen er sein Heil bringen will.

Euer Auftrag aufgrund dieser Sendung ist, daß die Menschen an Eurem Dienst spüren: "Gott ist mit uns." Wir haben das vorhin im Evangelium gehört, daß Christus den Namen "Immanuel" trägt - "Gott mit uns". Das müssen die Menschen spüren, wenn sie mit Euch zusammenkommen und wenn Ihr Euren Dienst, der Euch heute übertragen wird, an ihnen verrichtet: "Gott ist mit uns!" Ist das nicht ein herrlicher Dienst, eine schöne Lebensaufgabe! Papst Johannes Paul I. sagte einmal: "Es ist herrlich, Christus zu dienen!" Liebt darum diesen Dienst, der Euch heute übertragen wird. Liebt Eure Lebensform, liebt die Ehelosigkeit um des Himmelreiches willen, liebt das Gebet und liebt den Gehorsam, dann werdet Ihr an Euch selbst erfahren, was dieser strahlende Papst sagte: "Es ist herrlich, Christi Diener, Christi Diakon zu sein!"

Diakonenweihe der Priesteramtskandidaten,
18.12.1982 im Liebfrauendom zu München

Das bedingungslose Ja

Brüder und Schwestern im Herrn, unsere Weihekandidaten, die eben namentlich aufgerufen wurden, stehen noch mitten in ihrer praktischen Ausbildung. Sie müssen vieles lernen, was man in der Seelsorge können muß. Sie müssen lernen, wie man predigt, Religionsunterricht erteilt, junge Menschen auf den Empfang der Sakramente vorbereitet, junge Christen zu Christus hinführt, wie man mit den Alten und Kranken umgeht und vieles andere mehr.

Identität von Sein und Handeln

Es ist wichtig, daß sie die verschiedenen Methoden der Seelsorge kennenlernen. Das darf uns aber über eines nicht hinwegtäuschen: Das Wichtigste bei allen noch so klugen Methoden der Seelsorge ist der Seelsorger selbst. Denn all das, was er tut, geht hervor aus dem, was er ist; je nachdem, was er ist, wird auch sein Tun aussehen. Das gilt nicht nur für die Weihekandidaten, das gilt allgemein, es gilt sogar von unserem Herrn Jesus Christus.

Denken wir nur einmal an die so wunderbaren "Ich-bin-Aussagen" Jesu im Johannesevangelium: Der Herr sagt von sich: *"Ich bin der Weg"* (Joh 14,6) - und deshalb kann er uns den Weg zum Vater führen. *"Ich bin ... die Wahrheit"* (Joh 14,6) - darum kann er uns die Wahrheit verkünden, die Wirklichkeit Gottes eröffnen. *"Ich ... bin das Leben"* (Joh 14,6) - darum kann er uns das Leben erwecken. *"Ich bin das Brot des Lebens"* (Joh 6,35) - darum kann er sich uns als Brot des Lebens schenken. Ich bin der Sohn (Joh 17,1) - darum kann er uns alle zu Söhnen und Töchtern Gottes machen. Das Tun Jesu ist entscheidend von dem bestimmt, was er ist. Jesus tut, was er tut, weil er ist, was er ist.

Das Gleiche gilt von Johannes dem Täufer, dem Patron unseres neuen Priesterseminars. Als er auftrat, da kamen Priester und Leviten von Jerusalem und fragten ihn: *"Wer bist du?"* Sie haben nicht gefragt: Was tust du da? Das haben sie gesehen. Sie haben gefragt: *"Wer bist du?"*, und Johannes gab ihnen Antwort. Zuerst sagte er, wer er nicht war: *"Ich bin nicht der Messias. Ich bin nicht Elija, ich bin auch nicht der Prophet."* Und die Fragesteller lassen nicht locker: *"Wer bist du?"* Und er gibt zur Antwort: *"Ich bin die Stimme, die in der Wüste ruft."* Er ist Stimme! Darum kann er sprechen, nicht für sich, sondern für den, der nach ihm kommt, der aber bereits in ihrer Mitte steht, der so groß ist, daß er, Johannes, nicht würdig ist, ihm auch nur die Schuhriemen zu lösen (Joh 1,19-27).

Dienen - die innere Bestimmung des geistlichen Amtes

Liebe Weihekandidaten, und was sollt Ihr sein? Das, was Ihr jetzt in der Diakonenweihe werdet: Diakone - Diener. Und das sollt Ihr sein nicht nur ein halbes Jahr bis zu Eurer Priesterweihe. Diakone - Diener bleibt Ihr immer. Wenn Ihr dann zu Priestern geweiht werdet, werdet Ihr nur noch tiefer in den Dienst Jesu Christi hineingenommen. Denn das Dienen ist die innere Bestimmung des geistlichen Amtes, ganz gleich auf welcher Stufe es gelebt wird: auf der Stufe des Diakonats, des Priestertums oder des Bischofsamtes.
Als die Apostel einen Zwölften brauchten, der an die Stelle des Judas trat, hat Petrus die Wahl eingeleitet mit dem Hinweis (Apg 1,17), daß Judas Anteil hatte an dem gleichen Dienst, den sie, die Apostel, haben: Dienst - "diakonia", so wird in der Heiligen Schrift das geistliche Amt in der Kirche beschrieben, an dem Ihr heute durch die sakramentale Weihestufe des Diakonats Anteil empfangt: Diener also sollt Ihr sein!

Fruchtbar durch das Gebet

Dem dienen auch die beiden Verpflichtungen, die Ihr heute mit dieser Weihe übernehmt: die Verpflichtung, treu und gewissenhaft das Stundengebet zu verrichten und ein eheloses Leben zu führen um des Himmelreiches willen. Ihr werdet fortan Tag für Tag das Stundengebet im Namen der Kirche verrichten; das heißt, Ihr werdet Männer des Gebetes sein, Menschen, die im dauernden Kontakt, im dauernden Austausch mit Gott stehen. Das ist wichtig. Denn all Euer Tun muß gespeist werden von dieser Verbundenheit mit Gott. Daraus folgt die Fruchtbarkeit Eures seelsorgerischen Wirkens. Wenn diese Quelle versiegt, dann gleicht Ihr den kranken Bäumen in unseren sterbenden Wäldern, denen die Nadeln herabfallen, die dastehen mit verwelktem Laub, mit dürr gewordenen Ästen, ohne Früchte. Seid immer Männer des Gebetes, damit die Quelle Eurer geistlichen Fruchtbarkeit niemals versiegt!

Verfügbar für Gott

Dem Gleichen dient auch der Zölibat, zu dem Ihr Euch heute verpflichtet. Warum tut Ihr das? Weil Ihr der Einladung, dem Rate Jesu folgt. Darum übernehmt Ihr die Lebensform, die er uns vorgelebt hat. Das tut Ihr aus freiem Entschluß, kein Mensch zwingt Euch. Das Wort vom Zwangszölibat ist eine Irreführung, das ist ein Widerspruch in sich. Ihr tut diesen Schritt in Freiheit, weil Ihr bereit seid, so zu leben, wie Jesus gelebt hat, um ihm ganz zu gehören, in voller Verfügbarkeit, frei von der Verantwortung für eine eigene Familie, um dadurch ganz frei zu sein für die Familie Gottes, die Euch anvertraut wird.
Meine lieben Brüder, so leben zu dürfen, ist etwas Großes und Schönes, auch dann, wenn viele Menschen in unserer heutigen Gesellschaft für diese Lebensform kein Verständnis haben oder sich schwertun damit. Das braucht uns nicht zu wundern, denn Jesus selbst hat gesagt: *"Wer das erfassen kann, der erfasse es"* (Mt 19,12). Wenn es in unserer Zeit nicht allzu viele gibt, die es fassen, laßt Euch dadurch nicht verwirren, dankt

vielmehr dem Herrn, der Euch berufen hat und der Euch gegeben hat, es zu fassen!

Das bedingungslose Ja in Treue zur Berufung

Zum Dienen gehört die Treue. In einer Woche feiern wir Weihnachten. Das ist ein Fest der Treue Gottes zu uns Menschen. Denn das Ja, das Gott bei der Schöpfung zum Menschen gesagt hat, findet hier im Geheimnis der Weihnacht seine Vollendung, da Gottes ewiger Sohn Mensch wird, einer von uns. Dieses Ja Gottes zu uns ist reuelos. Gottes Sohn wird Mensch und bleibt Mensch in alle Ewigkeit, obwohl wir Menschen ihm ganz böse mitgespielt haben: Hinausgestoßen haben wir ihn, ans Kreuz; da hängt er, von den Menschen verraten und verlassen. Gottes Ja zum Menschen ist so reuelos, daß er uns nicht den Rücken gekehrt hat; nein, sein Sohn bleibt Mensch in alle Ewigkeit. Dieses reuelose Ja spricht Gott auch jetzt in einer besonderen Weise zu Euch, denn was mit Euch in der Diakonenweihe geschieht, kann niemand mehr rückgängig machen. Auch Gott macht es nicht rückgängig. Sprecht darum auch jetzt Euer bedingungsloses Ja zum Herrn und der Berufung, die er Euch geschenkt hat, auf daß Ihr allezeit treue Diener Jesu Christi und seiner Kirche seid, treue Diakone!

Diakonenweihe der Priesteramtskandidaten,
17.12.1983 im Liebfrauendom zu München

Erwählt, den andern zu dienen

"Mit dem Beistand unseres Herrn und Gottes Jesus Christus, des Erlösers, erwählen wir diese unsere Brüder zu Diakonen." Mit diesen Worten habe ich soeben die Erwählung unserer Weihekandidaten für das Diakonenamt ausgesprochen. Die Erwählung einzelner zu etwas Besonderem - ist das nicht anstößig? Paßt das noch in unsere Zeit? Ein Kennzeichen unserer Zeit ist die Gleichmacherei. Hat die Erwählung einzelner noch einen Platz in unserem Denken und Empfinden?

Erwählung - Strukturprinzip der Heilsgeschichte

Gott denkt und handelt nicht so. Er erwählt. Die Erwählung durch Gott durchzieht die Heilsgeschichte wie ein roter Faden. Er erwählt Abraham und die Patriarchen; er erwählt Mose und die Propheten; er erwählt David zum König; er erwählt das Volk Israel aus allen Völkern der Erde zu seinem besonderen Eigentum. Er erwählt die Propheten und Führer seines Volkes. Sogar Jesus ist vom Vater erwählt. Der Prophet Jesaja verkündet den Heiland als Knecht, den Gott erwählt hat (Jes 42,1; 43,10; Mt 12,18). Die Erwählung stellt geradezu ein Strukturprinzip der Heilsgeschichte dar.

Und doch kommt dabei niemand zu kurz. Denn alle, die erwählt werden, werden für andere erwählt, für die vielen. Das beginnt schon bei Abraham. Bei seiner Berufung spricht Gott zu ihm: *"Ein Segen sollst du sein. ... Durch dich sollen alle Geschlechter der Erde Segen erlangen"* (Gen 12,2f.). So ist es bei allen Erwählten. Sie werden bestellt, den anderen zu dienen. Wer erwählt ist, hat für andere da zu sein.

Im Neuen Bund, in der Kirche ist es nicht anders. Auch Jesus erwählt aus dem Kreis der Jünger seine Apostel. *"Nicht ihr habt mich erwählt, sondern ich habe euch erwählt und dazu bestimmt, daß ihr euch aufmacht und*

Frucht bringt" (Joh 15,16). Jesus erwählt sie zu seinen Boten, die den Menschen die göttliche Gabe des Heiles überbringen.
Indem Gott den Weg der Erwählung einzelner beschreitet, macht er deutlich, daß das Heil von oben kommt, von ihm. Wir Menschen können sehr viel machen; aber das Entscheidende, das unserem Leben Sinn gibt, uns von innen her heilt, uns bleibende Erfüllung und ewige Vollendung schenkt, ist nicht machbar. Es kommt von oben, als Geschenk von Gott, vermittelt durch seinen Boten, der dazu von ihm ermächtigt ist. Darum geht es auch heute bei der Diakonenweihe.

Der Kern des geistlichen Amtes

Liebe Weihekandidaten, der Herr hat Euch erwählt, und in dieser Stunde bestellt er Euch zu Diakonen, zu Dienern, die in seinem Namen Gaben des Heils zu den Menschen tragen sollen. Dazu gehört das Wort Gottes. Ich werde Euch nachher das Evangelienbuch überreichen. Ihr sollt von nun an das Evangelium dem Gottesvolk in der Eucharistiefeier verkünden. Und Ihr sollt in Jesu Namen die Taufe spenden. Dieser Botendienst des Heiles wird im kommenden Jahr, so Gott will, in der Priesterweihe ausgeweitet. Ihr dürft dann bei der Feier der Eucharistie den Herrn repräsentieren, den Büßern die Sünden nachlassen, die Kranken mit dem heiligen Öl salben und stärken. Dieser sakramentale Dienst bildet den Kernbereich und Höhepunkt dessen, was der Herr dem geistlichen Amt in der Kirche übertragen hat, in dessen erste Stufe Ihr heute aufgenommen werdet. Die amtliche Verkündigung des Wortes Gottes und der sakramentale Dienst umschreiben nicht das ganze Aufgabenfeld, das Euch anvertraut wird. Kernbereich oder Höhepunkt sind ja auch nicht das Ganze; aber durch sie wird das Ganze zusammengehalten und geprägt. Darum kann man aus diesem Kernbereich nicht einzelne Aufgaben herauslösen und sie anderen zuweisen, ohne das

Amt, das Christus seiner Kirche eingestiftet hat, zu beschädigen oder gar aufzulösen.
Aus Treue zu Christus müssen wir uns dies vor Augen halten. Es gibt nämlich Anzeichen dafür, daß in zunehmendem Maß das, was in der Feier der Sakramente geschieht, aus dem Blick entschwindet. Wir stoßen immer wieder auf Verständnislosigkeit für diesen innersten Bereich des kirchlichen Lebens. Das hängt wohl damit zusammen, daß vielen nicht mehr klar ist: Heil ist nicht machbar; es kommt nicht aus uns, von unten, sondern von oben, als Geschenk von Gott geschichtlich vermittelt durch den Dienst der Kirche, die in ihren Dienern, den Diakonen, Priestern und Bischöfen handelt.

Im Zeichen der Hingabe

Liebe Weihekandidaten, in dieser Perspektive müßt Ihr auch den Zölibat sehen, die Ehelosigkeit um des Himmelreiches willen, die Ihr nachher vor mir und der ganzen Gemeinde feierlich versprecht. Diese Ehelosigkeit ist ein Zeichen Eurer Hingabe an den Herrn, eine Gnadengabe, die auch von oben kommt und darum nach oben verweist. Weil durch den Dienst, der Euch heute in der Diakonenweihe und später in der Priesterweihe übertragen wird, der Herr selbst handelt und seine Gaben austeilt, sollt Ihr selbst durch Eure Lebensform zu einem Zeichen werden, das auf ihn hin verweist. Weil das, was Ihr kraft Eures Amtes wirkt, von oben kommt, soll Euer Leben, nicht zuletzt durch die Ehelosigkeit um des Herrn willen, zu einem Zeichen werden, das nach oben weist.

Nach oben geortet

Im Evangelium des heutigen Tages (Mt 1,18-24) haben wir vernommen, daß in Maria beides zusammengehört: ihre Gottesmutterschaft, durch die sie der Welt den Heiland schenkt, und ihre Jungfräulichkeit. Das Kind, das sie zur Welt bringen wird, stammt vom Heiligen

Geist, von oben; es ist Gottes Sohn. Und dieses Vonoben ihres Kindes zeigt sich daran, daß nicht Josef der Vater dieses Kindes ist. Sie hat es vielmehr durch das Wirken des Heiligen Geistes empfangen.

Nicht wenige tun sich heute schwer mit dieser Wahrheit unseres Glaubens. Die Jungfräulichkeit der Gottesmutter stößt heute bei vielen auf Verständnislosigkeit. Auch der Zölibat findet bei vielen kein Verständnis mehr. Ihr habt das sicher schon wiederholt erfahren und werdet es auch in Eurer seelsorgerlichen Arbeit immer wieder zu hören und zu spüren bekommen. In unserer säkularisierten Gesellschaft ist der Blick nach oben nicht mehr selbstverständlich. Dementsprechend ist selbst in kirchlichen Kreisen ein Bestreben zu spüren, die heilshaften Vorgänge in der Feier der Sakramente in das horizontale Geflecht zwischenmenschlicher Beziehungen einzuebnen, und man vergißt dabei, daß hier die Beziehung von oben nach unten entscheidend ist. Denn immer, wenn die Gaben des Heiles vermittelt werden, ist Gott selbst am Werk. Er ist der Spender. Und er entscheidet, durch wen er spendet.

Liebe Weihekandidaten, laßt Euch durch die Verständnislosigkeit, der Ihr begegnen werdet, nicht entmutigen und nicht verwirren! Und wenn Euch der Wind ins Gesicht bläst, dann laßt Euch nicht irre machen, sondern blickt auf zum Herrn! Er hat Euch erwählt. Er legt nachher durch meine Hände seine Hand auf Euch. Er wird immer bei Euch sein, daß Ihr wie Abraham und alle Erwählten ein Segen werdet für viele.

Diakonenweihe der Priesteramtskandidaten,
18.12.1993 im Liebfrauendom zu München

Seine heilende Liebe erfahrbar machen

Gesandt, die frohmachende Botschaft zu verkünden

"[Der Herr] hat mich gesandt, damit ich den Armen eine frohe Botschaft bringe und alle heile, deren Herz zerbrochen ist" (Jes 61,1). Mit diesen Worten weist Jesaja auf den kommenden Messias und dessen Wirken hin. In Jesus sollte sich dieses Wort erfüllen. Als Jesus nach Nazaret kam, wo er aufgewachsen war, ging er zum Gottesdienst in die Synagoge. Man gab ihm das Buch des Propheten Jesaja. Er schlug auf und las die Stelle vor: *"[Der Herr] hat mich gesandt, damit ich den Armen eine frohe Botschaft bringe und alle heile, deren Herz zerbrochen ist."* Dann schloß er das Buch und sagte: *"Heute hat sich das Schriftwort, das ihr eben gehört habt, erfüllt"* (Lk 4,21).
Jesus hat den Menschen seiner Zeit die Botschaft verkündet, die froh macht wie keine andere Botschaft. Denn er verkündete, daß Gott uns liebt und uns als seine Kinder in die Gemeinschaft seiner ewigen Liebe aufnimmt. Jesus hat die zerbrochenen Herzen geheilt. Wie? Indem er ihnen Gottes heilende Liebe brachte. Nichts besitzt eine größere Heilkraft als Gottes Liebe. In Jesus Christus ist Gottes heilende Liebe auf Erden sichtbar, greifbar, erfahrbar geworden. Darum drängten sich die Menschen an Jesus heran. Sie wollten ihn anrühren. Sie wollten in Kontakt mit der heilenden Liebe Gottes kommen. *"Und alle, die ihn berührten, wurden geheilt"* (Mk 6,56).

Die Erfüllung besteht weiter

So war es damals, als Jesus auf Erden lebte. Und wie ist es heute? Was Jesus gebracht hat, ist nicht wieder zurückgenommen worden. Die Erfüllung, die mit Jesus

in die Welt gekommen ist, besteht weiter. Aber wie? Durch den Dienst der Kirche.
Liebe Weihekandidaten, Sie werden nun in diesen Dienst der Kirche hineingenommen. Durch die Weihe empfangen Sie die Sendung, daß durch Ihren Dienst die heilende Liebe Gottes, die in Jesus Christus zu uns gekommen ist, auch heute in der Welt sichtbar und erfahrbar wird. Nicht im eigenen Namen gehen Sie zu den Menschen, sondern als Diakone, als Diener Jesu Christi. In seinem Dienst werden Sie sich fortan einsetzen, daß den Armen die frohe Botschaft gebracht wird und Gottes heilende Liebe zu den zerbrochenen Herzen gelangt.
Gottes Liebe sollen Sie austeilen. Darum wird Ihnen der Dienst am Leib und Blut des Herrn anvertraut. Sie dürfen den Gläubigen fortan im Brot des Lebens den heiligen Leib Christi und im Kelch des Heiles Christi Blut reichen.
Es werden Ihnen aber auch die Armen und Notleidenden anvertraut. Schauen Sie auf Ihren Patron, den heiligen Laurentius. Vom kaiserlichen Statthalter war er gefangen genommen worden. Als der Richter von ihm forderte, er solle den Besitz der Kirche herausgeben, wies er auf die Armen und sagte: "Das ist der Schatz der Kirche!" Die Armen, dieser Reichtum der Kirche, werden Ihnen anvertraut.
Hier gibt es Arbeit, die nie ausgeht. *"Die Armen habt ihr immer bei euch"* (Joh 12,8), sagt der Herr. Dieses Wort Jesu hat in unseren Tagen wieder eine bedrükkende Aktualität gewonnen. Die vor Hunger sterbenden Kinder in den Ländern der Dritten Welt sagen es uns: "Die Armen habt ihr immer bei euch." Aber auch bei uns gibt es Armut, die "neue Armut". Dabei geht es nicht nur, ja nicht einmal in erster Linie um die materielle Not, sondern um die Not des Herzens, um am Leid zerbrechende Herzen. Wieviel Herzeleid ist mit jeder zerbrochenen Ehe verbunden!

Stimme für den anderen

Liebe Weihekandidaten, Sie tragen Gottes heilende Liebe zu den Menschen. Dabei ist Ihnen Johannes der Täufer, diese große Gestalt des Advents, Vorbild und Helfer. Von ihm können Sie lernen, in welcher Haltung Sie Ihren Diakonendienst zu erfüllen haben. Im Evangelium hörten wir, wie er gefragt wurde: *"Wer bist du?"* (Joh 1,19). Und seine Antwort: "Ich bin es nicht, nicht der Messias, nicht Elija, nicht der Prophet." "Wer bist du also?" Stimme, die ruft, für einen anderen. Auf diesen anderen kommt es an. *"Ich bin nicht wert, ihm die Schuhe aufzuschnüren"* (Joh 1,27). Johannes nimmt sich aus der Mitte, damit Christus die Mitte sei, die alles beherrscht. Dazu braucht er den Mut zum Dienen, zu Demut und Selbstlosigkeit. Das ist das Besondere der christlichen Diakonie. Es geht nicht nur um einen zwischenmenschlichen Vorgang. Das ist schon etwas Großes. Es geht um mehr, um einen Vorgang zwischen Christus und dem Notleidenden und Armen, vermittelt durch unseren selbstlosen Dienst.

Durch die christliche Diakonie soll der hilfsbedürftige Mensch nicht nur mit einem hilfsbereiten, guten Menschen in Kontakt kommen, sondern mit der heilenden Liebe Gottes, die in Jesus Christus leibhaft auf Erden erschienen ist.

Zu diesem Dienst werden Sie nun geweiht und gesandt, ausgerüstet mit der Kraft des Heiligen Geistes, welcher der Geist der göttlichen Liebe ist. Tragen Sie in der Kraft des Heiligen Geistes in Christi Namen Gottes heilende Liebe zu den Menschen!

Weihe der Ständigen Diakone, 16.12.1984
im Liebfrauendom zu München

Lebensgemeinschaft mit Christus

Über Johannes den Täufer hörten wir im Evangelium: *"Viele Israeliten wird er zum Herrn, ihrem Gott, bekehren. Er wird mit dem Geist und der Kraft des Elija dem Herrn vorangehen, um ... das Volk für den Herrn bereit zu machen"* (Lk 1,16f.). Die Aufgabe des Johannes wird heute auch unseren Weihekandidaten übertragen. Sie sollen wie der Vorläufer dem Herrn die Wege bereiten und das Volk für ihn bereit machen. Ja, sie dürfen noch mehr als Johannes. Johannes deutete hin auf den, der nach ihm kommen wird. Unsere Diakone dürfen den verkünden und bezeugen, der schon da ist. Sie werden zu Boten des Evangeliums geweiht und gesandt, die Frohe Botschaft zu verkünden, daß Jesus da ist und mit seinem Kommen Gottes Herrschaft bereits angebrochen ist.

Zeugen für die angebrochene Gottesherrschaft

Liebe Brüder, ich werde Euch nachher das Evangelienbuch überreichen zum Zeichen dafür, daß Ihr Boten des Evangeliums seid, der wichtigsten Botschaft, die jemals an die Menschen ergangen ist. Habt Mut! Laßt Euch durch nichts entmutigen! Gott selbst ist Eure Freude; er macht Euch jetzt zu Boten seiner Freude. Im Stundengebet werdet Ihr immer wieder daran erinnert durch das Wort des Propheten Habakuk: *"Zwar blüht der Feigenbaum nicht, an den Reben ist nichts zu ernten, der Ölbaum bringt keinen Ertrag, die Kornfelder tragen keine Frucht; im Pferch sind keine Schafe, im Stall steht kein Rind mehr. Dennoch will ich jubeln über den Herrn und mich freuen über Gott, meinen Retter. Gott, der Herr, ist meine Kraft. Er macht meine Füße schnell wie die Füße der Hirsche und läßt mich schreiten auf den Höhen"* (Hab 3,17-19).

Die Freude über den uns rettenden Gott überwiegt alles andere. Jesus Christus, Gottes Sohn, ist da; mit ihm ist die Gottesherrschaft angebrochen; die neue Welt hat schon begonnen. Diese Frohbotschaft sollt Ihr nicht nur mit Worten hinausrufen, sondern auch durch Euer Leben bezeugen. Dazu hilft Euch die Lebensform der Ehelosigkeit um des Himmelreiches willen, der Zölibat, den Ihr heute mit der Weihe zum Diakon übernehmen werdet.
Für diese Eure Lebensentscheidung findet Ihr nicht bei allen Verständnis und Zustimmung. Laßt Euch dadurch nicht verwirren. Das Opfer, das damit verbunden ist, wird Euren Dienst als Freudenboten fruchtbar machen. Allerdings müßt Ihr die Ehelosigkeit im Sinne Eures Dienstes für den Herrn leben. Worum geht es dabei?

Frei und verfügbar für den Dienst am Reich Gottes

Durch den Zölibat bezeugt Ihr die Größe dessen, was Ihr verkündet. Die Gottesherrschaft ist so groß, daß man ihretwegen auch auf das hohe Gut der Ehe und Familie verzichten kann. Ihr macht Euch damit ganz frei und verfügbar für den Dienst am Gottesreich. Frei von der Verpflichtung, für die eigene Familie zu sorgen, sorgt Ihr Euch um den Aufbau der Familie Gottes. Mit dem Zölibat bezeugt Ihr die endzeitliche, nicht mehr überbietbare Neuheit des Gottesreiches, das Ihr auszurufen habt. Das Gottesreich durchbricht die alte Schöpfungsordnung und führt die neue Welt herauf, in der die Menschen nicht mehr heiraten und geheiratet werden. Denn dort leben wir aus der Lebensfülle Gottes. Gott wird alles in allem sein (1 Kor 15,28).

Fruchtbar im Verwiesensein auf Gott

Der Zölibat ist Zeichen Eurer Armut und Leere vor Gott. Damit bekennt Ihr Eure Unfähigkeit, aus eigener Kraft den Euch heute übertragenen Dienst zu tun. Damit bekennt Ihr aber auch Eure Offenheit vor Gott, von dem Ihr alles erwartet. Wenn Ihr aus Euch selbst nichts vermögt, so könnt Ihr doch alles in dem, der Euch stärkt (vgl. Phil 4,13). Der Herr stärkt Euch und macht Euer Wirken fruchtbar durch seinen Geist. Darum werde ich nachher in der Weihepräfation den Vater bitten: "Sende herab auf sie, o Herr, den Heiligen Geist; seine siebenfältige Gnade möge sie stärken, ihren Dienst getreu zu erfüllen." Es ist wie bei Maria. Sie konnte nicht aus eigener Kraft Gottesmutter werden. Sie wurde es in der Kraft des Heiligen Geistes.

Leben aus der Liebesfülle Gottes

Mit dem Zölibat bezeugt Ihr, daß Ihr aus der Liebesfülle Gottes lebt. Jeder lebt aus der Liebe: Die Eheleute leben aus ihrer gegenseitigen Liebe, die Kinder leben aus der Liebe ihrer Eltern. Ihr sollt aus der Liebe Gottes leben. Ohne das würde Euer Wirken, und wäre es noch so gut gemeint, zu äußerer Betriebsamkeit und Leerlauf entarten. Die Ehelosigkeit ist die Form Eures Lebens, ihr Inhalt aber ist die Liebe.

Ein Kriterium dafür ist der vertraute Umgang mit Gott, das Gespräch mit Gott. Wenn Eheleute aufhören, miteinander zu sprechen, sich gegenseitig auszusprechen, so daß ihr Inneres vor dem anderen offenbar wird, erstirbt ihre Liebe, sie hören auf, aus ihrer Liebe zu leben. Darum ist es für Euch entscheidend, daß Ihr Männer des Gebetes werdet, Menschen, die den vertrauten Umgang mit Gott pflegen. Dazu gehört das Stundengebet, das Ihr von heute an im Namen der Kirche verrichten werdet. Aber das genügt nicht. Ihr müßt mehr beten, als im Stundengebet vorgeschrieben ist. Ihr müßt Tag für Tag den vertrauten Umgang mit Gott pflegen, damit Ihr aus der Fülle seiner Liebe lebt und dadurch fähig werdet, Boten dieser Liebe für die Menschen zu sein.

Liebe Brüder, Eure Weihe zum Diakon heute und Eure Priesterweihe in wenigen Monaten fällt in das Marianische Jahr. Schaut auf Maria! Sie ist Euch Vorbild in Eurem Dienst. Als "Magd des Herrn" (Lk 1,38) war sie ganz verfügbar für Gott und bezeugte so Gottes Größe und die neue Welt, die mit ihrem Kind begann. In ihrer Armut öffnete sie sich ganz für Gott und wurde fruchtbar durch den Heiligen Geist zum Heil der Welt. Sie lebte aus der Liebesfülle Gottes und durfte durch ihren mütterlichen Dienst der Welt den Heiland schenken. Haltet Euch an sie, vertraut Euch ihr an! Dann werdet auch Ihr durch Euren Dienst als Diakone und später als Priester den Menschen das Wichtigste und Schönste bringen: Jesus Christus, unseren Herrn.

Diakonenweihe der Priesteramtskandidaten,
19.12.1987 im Liebfrauendom zu München

Übernahme der Lebensform Christi

Schwindende Wertschätzung von Ehe und Ehelosigkeit

Bevor ich unsere Weihekandidaten zu Diakonen weihe, werde ich sie fragen, ob sie bereit sind, dieses Amt zu übernehmen mit allem, was dazugehört, wie Treue zum Glauben der Kirche, Gebet, Sorge für die Armen oder kirchlicher Gehorsam. Ich werde sie auch fragen, ob sie entschlossen sind, um des Himmelreiches willen ein eheloses Leben zu führen. Gerade diese Verpflichtung stößt heute bei vielen Menschen auf Verständnislosigkeit. Das braucht uns nicht zu wundern. Der christlichen Ehe ergeht es nicht viel anders. Die Ehe, wie Gott sie will, stößt ja ebenfalls auf wenig Verständnis. Die Wertschätzung der Ehe und die Wertschätzung der Ehelosigkeit um des Himmelreiches willen gehen Hand in Hand. Die Verunsicherung im einen hat die Verunsicherung im anderen zur Folge; und die Hochschätzung des einen ist mit der Hochschätzung des anderen verbunden.

Wir hören immer wieder die Frage, ob es denn heute noch zumutbar sei, von einem jungen Mann ein eheloses Leben zu verlangen, ja ob es unter den heutigen Gegebenheiten überhaupt noch möglich sei, so zu leben. Warum ist der Zölibat möglich? Weil Jesus Christus ist, wie er ist. Er ist nämlich so, daß man um seinetwillen auf die Ehe verzichten kann, um sich ausschließlich an ihn zu binden. Warum heiratet der Mann seine Frau, und warum heiratet die Frau ihren Mann? Weil der andere ist, wie er ist, und die beiden voneinander wissen, der andere liebt mich und steht treu zu mir in guten wie in bösen Tagen, so daß er sich für das ganze Leben an ihn binden kann.

Zeugnis für die Wirklichkeit der neuen Welt

So ist auch die christliche Ehelosigkeit möglich, weil Christus ist, wie er ist. "Allein der Herr verdient es,

mit ganzer Leidenschaft geliebt zu werden" (Charles de Foucauld). Um seinetwillen kann ein Mensch auf die Ehe verzichten und durch sein eheloses Leben ausdrükken, daß er von Christus geliebt ist und diese Liebe mit ungeteiltem Herzen erwidert.
Das tun nun auch unsere Weihekandidaten. Durch die Übernahme des Zölibats bezeugen sie nicht nur mit Worten, sondern auch durch ihre Lebensform die Liebe Jesu Christi, die sie den Menschen als Boten des Herrn verkünden und überbringen dürfen. Durch ihre Ehelosigkeit bezeugen sie die Wirklichkeit der neuen Welt, die Jesus durch seine Auferstehung uns allen eröffnet hat und von der er sagt: *"Nach der Auferstehung werden die Menschen nicht mehr heiraten, sondern sein wie die Engel im Himmel"* (Mt 22,30).

Freiraum für echte Freiheit und schöpferische Liebe

Ihre Entscheidung für die Ehelosigkeit bedeutet keine Geringschätzung der Ehe. Zu ihren Aufgaben gehört es ja, die Größe und Schönheit der christlichen Ehe im Lichte des Liebesbundes zwischen Christus und der Kirche zu verkünden. Sie verzichten mit dieser Entscheidung auf etwas Großes, um dem Ruf des Herrn folgend, frei von der Sorge um eine eigene Familie, sich mit ganzer Kraft dem Dienst an der Familie Gottes zu widmen.
Die so verstandene und gelebte Ehelosigkeit führt nicht zu einer Verkümmerung des Menschseins, sondern eröffnet ganz im Gegenteil neue Möglichkeiten echter Freiheit und schöpferischer Liebe und wird somit ein Weg zu einem reich erfüllten Leben. In der Ehe ist das doch auch so, daß die Liebe, die Mann und Frau aneinander bindet, neue Möglichkeiten der Freiheit und schöpferischen Fruchtbarkeit schenkt. Sollte die Bindung der Liebe an Christus in einem ehelosen Leben weniger fruchtbar sein und dem zölibatär Lebenden we-

niger Raum für die Entfaltung und Reifung echter Menschlichkeit geben?

Ins Ganze des Lebens integrieren

Liebe Weihekandidaten, nach reiflicher Prüfung habt Ihr Euch entschlossen, dem Ruf des Herrn zu folgen und ihm in einem ehelosen Leben zu dienen. Diesen Entschluß müßt Ihr nun täglich verwirklichen. Ihr müßt das leben, was Ihr heute versprecht. Wie aber ist heute der Zölibat lebbar? Diese Frage bildete bei der Bischofssynode im Oktober 1990 einen Schwerpunkt. Denn die Lebbarkeit des Zölibats wie auch der christlichen Ehe scheint heute erschwert. Das hängt mit verschiedenen Faktoren zusammen, zum Beispiel mit der erotisierten Öffentlichkeit und mit den ins Wanken geratenen Maßstäben menschlicher Geschlechtlichkeit. Ihr werdet selbst in den Gemeinden, in denen Ihr Euren Dienst tut, nicht immer Verständnis für Eure zölibatäre Lebensform finden. Solche Erfahrungen erschweren Euch die Treue zum Zölibat. Denn jeder hängt auch von seiner Umgebung ab. Je weniger das Umfeld trägt, desto größer muß unsere Entschiedenheit sein und desto mehr müssen wir dafür sorgen, daß die Ehelosigkeit ins Ganze unseres Lebens integriert wird. Davon hängt übrigens auch die Glaubwürdigkeit Eures Zeugnisses ab.

Ganz verfügbar für den übertragenen Dienst

Es genügt nicht, nur auf eine Frau zu verzichten, im übrigen aber sich alles zu leisten, was man sich in einer verbürgerlichten Gesellschaft leisten kann. So könnt Ihr den Zölibat nicht leben. Ihr müßt einfach und anspruchslos leben, verfügbar für den Dienst, der Euch übertragen wird. Kapselt Euch nicht ab, sondern pflegt die Gemeinschaft mit den Mitbrüdern. Treu und eifrig müßt Ihr sein im Beten, nicht nur im Verrichten des Stundengebetes. Die Liebe zum Herrn muß die prägende Kraft Eures Lebens sein und es immer mehr werden. Wie Eheleute ihr ganzes Leben miteinander und füreinander gestalten, so müßt auch Ihr alles, was Ihr tut, in der Gemeinschaft mit Jesus tun, auf daß Euer Leben eine Liebesgeschichte mit Jesus wird. Der vertraute Umgang mit Jesus ist die Mitte Eures Lebens und Arbeitens. Das bringt Freude in Euer Leben. Mutter Teresa gab in einem Brief einem Priester den Rat: "Bewahren Sie sorgsam die Freude an Jesus als Ihre Kraft."

"Allein der Herr verdient es ..."

Liebe Weihekandidaten, wenn Ihr so Euren Weg geht, braucht Ihr keine Angst zu haben, das Leben im Zölibat würde Euch nicht gelingen oder Ihr könntet in Eurem Menschsein verkümmern; im Gegenteil, die Ehelosigkeit um des Himmelreiches willen, die Ihr heute auf Euch nehmt, wird Euch selbst und allen, die Euch anvertraut werden, zum Segen gereichen. Denkt an das Wort von Charles de Foucauld: "Allein der Herr verdient es, mit ganzer Leidenschaft geliebt zu werden." Bewahrt darum sorgsam die Freude an Jesus als Eure Kraft!

Diakonenweihe der Priesteramtskandidaten,
15.12.1990 in St. Ludwig zu München

Freiheit im Gehorsam

"Versprichst du mir und meinen Nachfolgern Ehrfurcht und Gehorsam?" So werde ich Euch, liebe Weihekandidaten, nachher fragen. Kann ich das überhaupt von Euch verlangen? Was steht hinter dieser Forderung der Ehrfurcht und des Gehorsams? Jeder von Euch wird antworten: "Ich verspreche es." Könnt Ihr das? Ihr gebt eine Blanko-Vollmacht. Niemand weiß, wie das Versprechen einmal eingefordert wird. Schließlich geht es dabei um das hohe Gut Eurer Freiheit.

Nicht mein Wille

Schauen wir auf Jesus Christus. Er selbst gibt uns nicht nur Antwort auf diese Frage, er ist selbst die Antwort. Sein ganzes Leben ist eine einzige große Tat des Gehorsams. Er wurde Mensch, weil der Vater es so wollte. Alles, was er tat, tat er, weil der Vater es wollte. So wurde er gehorsam bis in den Tod, bis in den Tod am Kreuz. *"Aber nicht mein Wille geschehe, sondern dein Wille soll geschehen"* (Lk 22,42). Für Jesus war der Gehorsam lebensnotwendig. Er nennt ihn einmal seine Speise, also das, wovon er lebt. *"Meine Speise ist es, den Willen dessen zu tun, der mich gesandt hat"* (Joh 4,34). Der Gehorsam ist das, was ihn leben läßt.
Wie ist das zu verstehen? Beim Gehorsam geht es nicht um ein äußeres Parieren, sondern um Übereinstimmung. Im Gehorsam lebt Jesus in Übereinstimmung mit dem Vater, er steht im Lebenszusammenhang mit dem Vater. Nur so kann er die große Sendung erfüllen, die der Vater ihm übertragen hat, und die Menschheit erlösen.

In Übereinstimmung mit dem Herrn der Kirche

Genau darum geht es auch beim kirchlichen Gehorsam, den ich heute von Euch verlange. Durch den Gehorsam

bringt Ihr Euch in Übereinstimmung mit der Kirche und mit Jesus Christus, dem Herrn der Kirche. Durch den Gehorsam steht Ihr im Lebenszusammenhang mit der Kirche und mit Jesus Christus. Nur so könnt Ihr die Sendung erfüllen, die Euch anvertraut wird.
Somit ist der Gehorsam eine unabdingbare Voraussetzung für Eueren Dienst, den Ihr als Diakone und später als Priester auszuüben habt. Ihr müßt Euch in die Euch übertragene Sendung einfügen. Nicht im eigenen Namen geht Ihr zu den Menschen, sondern in Christi Namen und im Namen der Kirche, in der Christi Sendung weiterlebt und die Euch in ihre eigene Sendung hineinnimmt. Ihr seid Diener Christi und Diener der Kirche. Nur so werdet Ihr auch Diener der Menschen sein. Ich werde Euch nachher das Evangelienbuch überreichen: "Nimm hin das Evangelium Jesu Christi, zu dessen Verkündigung du bestellt bist!" Nicht Eure persönlichen Meinungen habt Ihr zu verkünden, sondern das Evangelium Jesu Christi, das Euch der Herr durch die Kirche anvertraut. Diesen Dienst kann nur erfüllen, wer gehorcht.
Liebe Weihekandidaten, mit dem Versprechen der Ehrfurcht und des Gehorsams übernehmt Ihr Verantwortung und Verpflichtung, das Versprechen auch zu halten. Ich nehme Euer Versprechen entgegen; damit übernehme aber auch ich eine Verantwortung und die Pflicht des Gehorsams. Bevor ich Euch befehle, muß ich selbst gehorsam sein und mich ganz in Übereinstimmung mit dem Willen Christi bringen. Je höher die Verantwortung und die Weisungsbefugnis, um so höher die Verpflichtung zum Gehorsam gegen Christus und seine Kirche. Wenn Euch im Laufe Eures Lebens größere Aufgaben anvertraut werden, werdet Ihr das spüren.

Im "Hergeben" das Selbst gewinnen

Wie steht es dann mit uns selbst? Wenn wir gehorchen, kommen wir dann nicht zu kurz? In diesen Tagen erscheinen autobiographische Aufzeichnungen von Romano Guardini. In ihnen berichtet Guardini über die entscheidende Stunde seines Lebens, man könnte sie auch die Stunde der Bekehrung nennen. Er war damals Student, der Glaube als bewußte Kraft war in ihm immer schwächer geworden und schließlich gestorben. Im Abstand von fast 40 Jahren erinnert er sich an diese Stunde, "als sei es gestern gewesen". Es war in seinem Dachkämmerchen im elterlichen Haus in Mainz. In einem geistlichen Gespräch mit einem Freund geht ihm das Wort des Herrn auf: *"Wer seine Seele festhält, wird sie verlieren; wer sie aber hergibt, wird sie gewinnen"* (vgl. Mt 10,39). Er schreibt über das Licht jener Stunde: "Es war mir allmählich klar geworden, daß ein Gesetz bestehe, wonach der Mensch, wenn er "seine Seele behält", das heißt, in sich selber bleibt und als gültig nur annimmt, was ihm unmittelbar einleuchtet, das Eigentliche verliert. Will er zur Wahrheit und in der Wahrheit zum wahren Selbst gelangen, dann muß er sich hergeben ... und der Gedanke ging weiter: Meine Seele hergeben - aber an wen? Wer ist im Stande, sie mir abzufordern? So abzufordern, daß darin nicht doch wieder ich es bin, der sie in die Hand nimmt? Nicht einfachhin 'Gott', denn wenn der Mensch es nur mit Gott zu tun haben will, dann sagt er 'Gott' und meint sich selbst. Es muß also eine objektive Instanz sein, die meine Antwort aus jeglichem Schlupfwinkel der Selbstbehauptung herausziehen kann. Das aber ist nur eine einzige: die katholische Kirche in ihrer Autorität und Präzision. Die Frage des Behaltens oder Hergebens der Seele entscheidet sich letztlich nicht vor Gott, sondern vor der Kirche." Genau darum geht es im kirchlichen Gehorsam, den ich heute von Euch verlange. In diesem Gehorsam werdet Ihr Euch nicht verlieren, sondern Euer Selbst gewinnen.

Er "hat Großes an mir getan"

Schaut auf die Gottesmutter. Sie zeigt Euch, daß das keine leeren Worte sind. Im Evangelium haben wir ihr Magnifikat gehört. Sie ist die Magd des Herrn, sie gehorcht. Aber durch die Erniedrigung zur Magd wurde sie groß. *"Denn auf die Niedrigkeit seiner Magd hat er geschaut. Siehe, von nun an preisen mich selig alle Geschlechter. Denn der Mächtige hat Großes an mir getan"* (Lk 1,48f.). Werdet nach Mariens Vorbild und mit Mariens Hilfe gehorsame Diakone, Diener Jesu Christi und seiner Kirche. Dann wird der Herr auch an Euch und durch Euch Großes tun.

Diakonenweihe der Priesteramtskandidaten,
22.12.1984 im Liebfrauendom zu München

Bindung an den Herrn

"Versprichst Du mir und meinen Nachfolgern Ehrfurcht und Gehorsam?" So werde ich nachher einen jeden unserer Weihekandidaten fragen, und ein jeder wird seine Hände in meine Hände legen und antworten: "Ich verspreche es."

Bindung an die erfahrene Kirche

Damit binden sich unsere neuen Diakone an die Kirche, und zwar für immer, nicht an eine Wunschkirche, die sie sich erträumen, sondern an die Kirche, wie sie ist, mit ihren fehlenden und sündigenden Menschen. An diese Kirche binden sie sich für immer. Manche Leute haben heute generell Schwierigkeiten mit endgültigen Entscheidungen, mit Bindungen, die nicht mehr rückgängig zu machen sind. Sie meinen, das sei gegen die Freiheit des Menschen.

Brüder und Schwestern, Gott hat uns die Freiheit als ein hohes Gut gegeben. Diese Freiheit besteht jedoch nicht darin, daß wir jeden Tag das Gegenteil dessen tun können, was wir am Tag zuvor getan haben. Das ist nicht Freiheit, sondern Haltlosigkeit, Beliebigkeit. Wir haben die Freiheit erhalten, um uns zu entscheiden. Aus den vielen Möglichkeiten, die sich uns bieten, haben wir zu wählen und uns zu entscheiden und dabei auch endgültige Entscheidungen zu fällen. Dadurch bekommt unser Leben einen inneren Halt, es bekommt Form und Profil, sonst zerfließt unser Leben im Nebelhaften. Es gehört also zu unserem Menschsein, endgültige Entscheidungen zu fällen, damit unser Leben Gestalt bekommt und glückt.

Unaufkündbar

Wie ist das nun mit der Bindung an die Kirche? Kann man sich endgültig für die Kirche entscheiden, ohne sich eine Hintertür offenzulassen? Die Antwort auf diese Frage gibt uns Jesus. Er hat sich an diese Kirche gebunden, sich für die Kirche entschieden. Er ist sogar für sie am Kreuz gestorben und hat sie sich als Braut zu eigen genommen, von der er sich in alle Ewigkeit nie mehr lossagen wird. So steht Christus zu dieser seiner Kirche, mag sie auch aus uns sündigen Menschen bestehen. Das ist ein Glück für uns, daß Christus trotz unserer Fehler und Sünden unaufkündbar zu uns steht. Er hat sich mit dieser Kirche so innig verbunden, daß sie, wie der Apostel sagt, sogar sein Leib ist. Das Haupt darf man nicht vom Leibe trennen. Wenn sich Christus unaufkündbar an diese Kirche bindet, hat keiner von uns die Ausrede, man könne sich nur mit Vorbehalt an sie binden. So kann man mit der Kirche nicht umgehen, weil Christus untrennbar zu ihr gehört und sich mit ihr geradezu identifiziert, trotz all ihrer, das heißt unserer Schwächen.

Vorbehaltlos

Weil Christus mit der Kirche verbunden ist wie das Haupt mit dem Leib, ist die Entscheidung, die heute unsere Weihekandidaten treffen, nicht nur eine Bindung an die Kirche, sondern auch eine Bindung an Jesus Christus. Auf ihn zielt letztlich ihre Entscheidung. Im Evangelium haben wir gehört, wie Jesus zu Petrus sagt: "*Du aber folge mir nach!*" (Joh 21,22). Petrus hatte auf die Seite geschielt, um zu erfahren, was denn mit dem Johannes werde. Das geht dich nichts an, du folge mir, lautet die Antwort des Herrn. Unmittelbar vorher hatte Jesus dem Petrus das Hirtenamt über die Kirche übertragen. "*Weide meine Lämmer! ... Weide meine Schafe!*" (Joh 21,15-17). Sendung und Nachfolge gehören untrennbar zusammen.
Auch unsere Weihekandidaten müssen Jesus in großer Treue nachfolgen. Nur so können sie die Sendung, die ihnen heute anvertraut wird, erfüllen. Sie binden sich in

einer besonderen Weise an Jesus Christus. Dabei brauchen sie keine Angst zu haben, daß ihre Freiheit gemindert würde. Das Gegenteil trifft zu.
Der heilige Paulus, der uns in der Lesung als Gefesselter um Christi willen begegnet ist, schreibt: "*Wo der Geist des Herrn wirkt, da ist Freiheit*" (2 Kor 3,17). Zur Vollendung der Freiheit gelangen wir, indem wir uns vorbehaltlos an den Herrn binden.

Diener der Kirche als Diener Jesu Christi

Unsere Kandidaten werden nun zu Diakonen geweiht. Diakon heißt Diener. Die Lebensaufgabe, die ihnen anvertraut wird, heißt also: dienen. Das betrifft nicht nur die Zeit bis zur Priesterweihe, dieser Auftrag zum Dienen betrifft ihr ganzes Leben. Bei der Priesterweihe werden sie noch tiefer in den Dienst Jesu Christi hineingenommen; denn Teilhabe an der Sendung Christi heißt immer: dienen. Jesus selbst sagt von sich: "*Denn auch der Menschensohn ist nicht gekommen, um sich dienen zu lassen, sondern um zu dienen und sein Leben hinzugeben als Lösegeld für viele*" (Mt 20,28). Das hat er uns am Gründonnerstag abend in einer eindrucksvollen Weise gezeigt, indem er sich vor seine Jünger hinkniete und ihnen die Füße wusch. Sein Dienst führte ihn ans Kreuz und in den Tod.
Meine lieben Weihekandidaten! Ihr sollt Diener sein, Diener der Kirche und Diener Jesu Christi. Durch Euch will die Kirche als dienende Kirche den Menschen begegnen. Wer es mit Euch zu tun bekommt, muß spüren, daß die Kirche keine kalte, harte, herzlose Gesellschaft ist, sondern eine Gemeinschaft, in der wir der Güte und Menschenfreundlichkeit unseres Gottes begegnen. Im Titusbrief (Tit 3,4) heißt es, daß im menschgewordenen Gottessohn Jesus Christus Gottes Güte und Menschenfreundlichkeit auf unserer Erde erschienen ist. Das muß in der Kirche weitergehen, das muß durch Euch weitergehen. Geht so mit den Menschen, zu denen ihr gesandt

werdet, um, daß sie in Eurem Dienst Gottes Güte und Menschenfreundlichkeit erfahren!
Zum Dienen gehört Mut, vor allem in einer Gesellschaft, in der das Dienen nicht hoch im Kurs steht. Zum Dienen braucht man Mut, Dienmut, Demut. Aber die Demut hat eine befreiende Wirkung. Die Demut führt uns in die Freiheit. Die heilige Teresa von Avila beschreibt die Demut als "Wandel in der Wahrheit", in dem wir uns und anderen nichts vormachen. Und schon über ein Jahrtausend früher sagte der heilige Augustinus: "Deine ganze Demut besteht darin, daß du dich erkennst."
Die Demut hat eine befreiende Wirkung, sie ist aber auch die Voraussetzung für die Fruchtbarkeit Eures Dienstes. Im Lateinischen heißt Demut humilitas. Darin steckt das Wort humus, fruchtbarer Erdboden, auf dem etwas wachsen und gedeihen kann. Deshalb müßt Ihr demütig dienende Menschen sein; dann kann aus Euch und Eurem Dienst heraus etwas wachsen, das bleibt für die Ewigkeit. Durch das demütige Dienen wird Euer Leben fruchtbar.

Anteil an seiner Sendung

Ich werde Euch jetzt zu Diakonen weihen. Aber eigentlich bin das nicht ich, sondern es ist der Herr. Er tut es nur durch mich. Er ist es, der Euch in den Dienst des Diakons aufnimmt und Euch dadurch an seiner eigenen Sendung Anteil gibt. Er steht vor Euch und ruft Euch. Er könnte eigentlich als Herr, dem alle Vollmacht im Himmel und auf der Erde gegeben ist, befehlen, so daß keine Widerrede von Euch möglich wäre. Das könnte er. Aber so tritt er nicht vor Euch hin. Er tritt selbst bittend, ja geradezu demütig bittend vor Euch hin, daß Ihr Euch an ihn und seine Kirche bindet und in voller Freiheit und Bereitschaft Euer Diakonenamt auf Euch nehmt. Er überrumpelt Euch nicht. Er will das Wort Eurer Freiheit, er will Eure freiwillige Hingabe. Das ist die Antwort auf seinen Ruf. Ich bitte Euch, gebt ihm diese Antwort nicht nur in Worten, sondern mit Eurem Leben; nicht halbherzig, sondern aus ganzem Herzen.

Alles geben

Der indische Philosoph und Dichter Tagore beschreibt einmal in einem Gedicht einen Bettler: Der sitzt mit seinem Bettelsack am Straßenrand und bittet die Vorübergehenden um eine Gabe. Er sieht eine vornehme Kutsche kommen und erkennt, es ist der Königssohn. Jetzt macht er seinen Sack weit auf in der Hoffnung, daß reiche Gaben hineingeschüttet werden. Da geschieht jedoch etwas ganz anderes. Der Königssohn steigt aus der Kutsche, tritt vor den Bettler hin und bittet ihn um eine Gabe. Was hast du mir zu geben? Der Bettler holt aus seinem Sack das kleinste Reiskörnchen heraus und gibt es dem Königssohn. Als er am Abend den Sack öffnet, um das, was er im Laufe des Tages erhalten hat, herauszuholen, findet er ein kleines Goldstückchen, winzig klein. Es ist das Reiskörnlein, das er dem Königssohn gegeben hatte. Und nun wird er tieftraurig und beginnt zu weinen: Warum habe ich ihm nicht alles gegeben?

Auf das "Alles" kommt es an. Gebt dem Herrn alles, was Ihr habt, Euch selbst! Die Muttergottes ist Euch dabei ein Vorbild. Auch sie wurde gefragt, nicht überrumpelt, ob sie die Mutter des Erlösers werden wolle. "*Ich bin die Magd des Herrn; mir geschehe, wie du es gesagt hast*" (Lk 1,38), lautet ihre Antwort. So sollt auch Ihr ganz und ohne Vorbehalt sagen: Siehe, ich bin der Diener, der Knecht des Herrn. Das müßt Ihr dann natürlich in Eurem Leben auch treu erfüllen.

Wenn Ihr dann am Ende, am Abend Eures Lebens, den Sack Eurer apostolischen Tätigkeit aufschnürt, dann werdet Ihr ihn voll goldener Früchte finden, die bleiben für die Ewigkeit.

Diakonenweihe der Priesteramtskandidaten,
3.6.1995 im Liebfrauendom zu München

Ihm den Weg bereiten

Bohrende Fragen und Zweifel

Johannes der Täufer gehört zu den ganz Großen. Jesus sagte einmal von ihm: *"Unter allen Menschen hat es keinen größeren gegeben als Johannes den Täufer"* (Mt 11,11). Wir haben eben von ihm im Evangelium gehört, aber da haben wir ihn nicht in seiner Größe gesehen, sondern in einer tiefen Erniedrigung. Er sitzt im Gefängnis. Der Haß der Herodias hat ihn dorthin gebracht. Und es wird nicht lange dauern, bis der Haß dieser Frau sein Ziel erreicht und Johannes enthauptet wird. Aber das ist es nicht, was ihn am meisten bedrückt. Etwas anderes macht ihm viel mehr Sorge, denn er weiß auf einmal nicht mehr, ob er seinen Auftrag erfüllt hat. Und er hat ja nicht irgendeinen Auftrag empfangen, sondern einen heilsgeschichtlichen Auftrag. Er weiß nicht, ob er dem Richtigen den Weg bereitet hat. Deshalb schickt er zwei seiner Jünger zu Jesus und läßt fragen: *"Bist du der, der kommen soll, oder müssen wir auf einen andern warten?"* (Mt 11,3). Wenn nämlich Jesus nicht der Richtige ist, wenn er nicht der Messias ist, war alles, was er getan hat, umsonst. Wenn Jesus nicht der Messias ist, dann hat er seine Lebensaufgabe verfehlt. Wenn Jesus nicht der Richtige ist, dann hat er dem Falschen die Wege bereitet und dann hat er mit seinem Ruf: *"Seht, das Lamm Gottes, das die Sünde der Welt hinwegnimmt!"* (Joh 1,29) die Menschen zum Falschen geschickt, dann hat er sich geirrt und hat die Menschen in die Irre geführt. Das ist die bohrende Frage in seinem Herzen, darum die Anfrage an Jesus: *"Bist du der, der kommen soll, oder müssen wir auf einen andern warten?"* (Mt 11,3).

Dem Herrn den Weg bereiten

Während dieses Gottesdienstes werden fünf Männer zu Diakonen geweiht. Mit der Weihe wird ihnen ein Auftrag gegeben, der dem des Johannes vergleichbar ist. Auch sie sollen dem Herrn die Wege bereiten in die Herzen der Menschen. Sie sollen Menschen hinführen zu Christus, so wie Johannes das getan hat. Die Frage des Johannes braucht sie nicht zu bedrängen. Sie brauchen nicht fragen: *"Bist du der, der kommen soll?"* (Mt 11,3). Wir wissen im Glauben, daß Jesus der Messias ist, daß er es wirklich ist. Er ist der Sohn des himmlischen Vaters, der für uns Menschen und um unseres Heiles willen vom Himmel gekommen ist; so sprechen wir im Glaubensbekenntnis. Wir wissen: "Du bist der Sohn des lebendigen Gottes." Du bist *"das Lamm Gottes, das die Sünde der Welt hinwegnimmt"* (Joh 1,29). Im Glauben wissen wir, daß Jesus und er allein nicht nur für uns, sondern für alle Menschen *"der Weg, die Wahrheit und das Leben"* (Joh 14,6) ist.

Aber eine andere Frage wird unsere Diakone zeit ihres Lebens beschäftigen müssen, diese Frage darf sie nie loslassen: Bereite ich durch das, was ich tue, dem Herrn wirklich die Wege? Führe ich durch meinen Dienst wirklich Menschen hin zu Jesus Christus? Denn bei der Diakonenweihe geht es ja nicht um eine zusätzliche Beschäftigung, in der sie sich verwirklichen können, sondern es geht um einen Auftrag, und zwar um einen Auftrag, der in unserer Zeit bitter nötig ist. Sie treten in den Dienst des Herrn und lassen sich von ihm senden. Und was ihnen aufgetragen wird, das ist so wichtig. Wir erfahren ja immer wieder, daß Menschen nicht nur der Kirche, sondern auch Jesus Christus den Rücken kehren. Das ist oft gar nicht böser Wille, sondern kommt daher, daß diese Menschen noch nie in ihrem Leben wirklich erfahren haben, wer Jesus Christus ist und wer er für sie ist. Ihnen ist wohl noch nie jemand begegnet, der ihnen die Augen für Christus geöffnet hat, daß sie erkennen: er ist uns allen Glück, Leben, Heil, Freude, Freiheit, Friede. All das ist er für uns. Denn sonst wäre es ja nicht begreiflich, daß sie es so leichthin fertigbringen, ohne Jesus leben zu wollen. Kostbarkeiten wirft man nicht weg, ihnen kehrt man nicht den Rücken. Diesen Menschen müssen die Augen geöffnet werden für Christus, den Herrn. Und es gibt heute viele Menschen, die ringen, die zweifeln und suchen, die ähnlich wie Johannes im Gefängnis von der Frage geplagt werden: Kann ich glauben? Bist du es, der da kommen soll? Ihnen allen ist die Kirche verpflichtet. Ihnen allen sind unsere Diakone verpflichtet. Sie sollen dem Herrn die Wege in die Herzen der Menschen bahnen.

Im Dienen klein werden

Wie erfüllen sie ihren Dienst? Sie müssen es genauso machen wie Johannes der Täufer. Er hat seinen Auftrag ernst genommen, er wollte Diener sein, und nichts anderes als Diener. Zu Dienern, zu Diakonen werden ja auch unsere Weihekandidaten heute geweiht. Johannes hat sich nur als Knecht des Herrn verstanden. *"Er muß wachsen, ich aber muß kleiner werden"* (Joh 3,30). *"Ich bin es nicht wert, ihm die Schuhe aufzuschnüren"* (Joh 1,27). Und er ist nicht der Versuchung verfallen, sich selbst herauszustellen. Einmal kamen sie und fragten ihn: *"Wer bist du?"* (Joh 1,19). Und er sagte: *"Ich bin es nicht"* (Joh 1,21). Sie lassen nicht locker mit den Fragen: *"Wer bist du? Wir müssen denen, die uns gesandt haben, Auskunft geben"* (Joh 1,22). Und Johannes antwortet: *"Ich bin die Stimme, die in der Wüste ruft: Ebnet den Weg für den Herrn!"* (Joh 1,23). Nur Stimme ist er, mehr nicht.
Aber weil sich Johannes so klein gemacht hat, weil er nur Diener sein wollte, hat ihm das nicht geschadet. Die Menschen sind deswegen nicht ferngeblieben. Im Gegenteil, in hellen Scharen sind sie zu ihm hinausgegangen an den Jordan; aus ganz Jerusalem, aus ganz Judäa und aus der ganzen Gegend am Jordan kommen sie zu ihm. Und es kommen zu ihm alle Schichten der Be-

völkerung, einfache, arme Leute, es kommen Soldaten, Kaufleute und Händler, ja, es kommen sogar die Schriftgelehrten und Pharisäer aus Jerusalem. Weil er sich so klein macht, darum zieht er an, nicht um die Menschen an sich zu ketten, sondern um sie hinzuführen zu Christus, in dem allein das Heil ist.

Das war nicht nur so bei Johannes dem Täufer. Das ist immer so. Wir sehen das auch an einem Zeugen Christi, der in unserer Zeit nichts anderes sein wollte als Diener des Herrn und wie ein Johannes der Täufer auftrat, hier in München, Pater Rupert Mayer. Es wird berichtet, daß er einmal in einer Versammlung von einer Kommunistin angespuckt wurde. Nach einiger Zeit klopfte es an seiner Tür, und draußen stand diese Frau. Ihr Mann hatte sie verprügelt, und nun ging sie zu ihm, dem sie in aller Öffentlichkeit ins Gesicht gespuckt hatte, um bei ihm Hilfe zu finden. So klein hat sich Pater Rupert Mayer gemacht, daß er sich in aller Öffentlichkeit anspucken ließ und sich nicht dagegen wehrte. So hat er sich zum Diener gemacht. Aber so groß war dann auch seine Anziehungskraft. Man muß sich das einmal vorstellen, was diese Frau überwinden mußte, daß sie ausgerechnet zu ihm ging, dem sie das angetan hatte, um bei ihm Hilfe zu finden. Und wie bei Johannes dem Täufer kamen zu ihm die Menschen in hellen Scharen, wenn er predigte. Und sie kamen zu ihm, um bei ihm Hilfe zu finden, caritative Hilfe, nicht nur materielle Hilfe. In den Sorgen ihres Herzens, in den geistlichen Nöten kamen sie zu ihm, standen vor seinem Zimmer und vor seinem Beichtstuhl Schlange und warteten stundenlang, um bei ihm Hilfe zu finden.

Warum ist das so? Wer sich klein macht, gibt den Blick frei für den Großen, in dessen Dienst er steht, für den Herrn. Wer dient und nur dienen will, macht dadurch Christus als den Herrn kund. Nur wer dient, wird dem Herrn die Wege bereiten. Nur wer dient, kann die Menschen hinführen zu Jesus Christus.

Zu selbstloser Hingabe bereit

Meine lieben Weihekandidaten, Ihr werdet nun zu Diakonen geweiht, zu Dienern des Herrn. Ich werde Euch die Weihe erteilen, indem ich über Euch bete und Euch die Hände auflege. Aber der, der Euch eigentlich weiht, das ist der Herr selbst. Er macht Euch zu seinen Dienern, zu seinen Diakonen, und ich bin hier auch nur sein Diener, sein Knecht, dessen er sich bedient.

Zum Dienst gehört selbstlose Hingabe. Ich werde Euch nachher fragen, ob Ihr bereit seid, das Amt des Diakons in selbstloser Hingabe auszuüben. So etwas stellt sich nicht mit der Weihe automatisch ein, das muß täglich eingeübt werden. Betet daher oft zum Herrn: "Laß mich dir dienen, wie du es verdienst, unbekümmert um Verwundungen!" so wie es in dem Gebet heißt, das dem heiligen Ignatius von Loyola zugeschrieben wird.

Zu den zentralen Aufgaben Eures Amtes gehört die Sorge für die Armen und Hungernden, für die Heimatlosen und Notleidenden. Der Dienst der christlichen Caritas ist eine der vornehmsten Aufgaben, die Euch übertragen wird. Gerade der Blick auf die notleidenden und hilflosen Menschen soll Euch immer daran erinnern: Wir sind verpflichtet vom Herrn, von ihm geweiht zum Dienst, zur selbstlosen Hingabe. Aber gerade in diesem Dienen wird Eure Größe offenbar. Jesus selber stellt ja die Maßstäbe dieser Welt auf den Kopf. Er sagt: *"Wer bei euch groß sein will, der soll euer Diener sein"* (Mk 10,43). Im Reiche Christi besteht die Größe im Dienen. Und so übernehmt nun den Dienst des Diakons! Laßt Euch weihen für den Dienst des Herrn mit der ganzen Bereitschaft Eures Herzens und übt ihn aus, wie Johannes der Täufer es getan hat! Dann werdet Ihr dem Herrn die Wege bereiten und werdet wie er die Menschen zu Christus hinführen: *"Seht, das Lamm Gottes, das die Sünde der Welt hinwegnimmt!"* (Joh 1,29).

Weihe der Ständigen Diakone, 14.12.1986
im Liebfrauendom zu München

Zum Evangelium werden

Im heutigen Evangelium tritt Johannes der Täufer vor uns hin, um uns für das Kommen des Herrn vorzubereiten. Er steht im Dienste Jesu. Er ist sein Diener: *"Ich bin es nicht wert, ihm die Schuhe aufzuschnüren"* (Lk 3,16).

Dienend die Freude des Herrn weiterschenken

Johannes gibt Zeugnis für den kommenden Herrn. Sein Zeugnis ist so groß, weil er sich so klein macht, so klein, so transparent für Jesus, daß sich die Leute überlegen, ob er nicht selbst der Messias sei. Weil er sich so zurücknimmt, wird der Herr durch ihn sichtbar. Weil er sich arm macht, wird er reich mit dem Reichtum Jesu Christi. Das gehört zu seinem Dienst.

Liebe Brüder, Ihr werdet jetzt zu Diakonen, das heißt zu Dienern, geweiht. Ihr sollt dem Herrn fortan dienen, wie Johannes der Täufer ihm gedient hat. Dieser Dienst umfaßt nicht nur das, was Ihr am Altar tut, er umfaßt Euer ganzes Leben. Nicht nur bei der heiligen Messe habt Ihr das Evangelium zu verkünden, Ihr selbst sollt Evangelium werden. Nicht nur mit dem Mund sollt Ihr die Freudenbotschaft ausrufen, durch Euer Leben sollen die Menschen froh werden, weil sie an Euch spüren, der Herr ist nahe. Schaut auf Gestalten, die diese Aufgabe des Christusdienstes vorbildlich erfüllt haben, wie Johannes Bosco, dessen Todestag sich 1988 zum 100. Mal gejährt hat. Er hat unzählige Jugendliche, gerade auch gefährdete Jugendliche froh gemacht. Oder schaut auf den seligen Kaspar Stanggassinger. Wer mit ihm zusammentraf, wurde froh im Herzen und ging innerlich beschenkt wieder fort. Warum konnten sie das? Weil sie wie Johannes der Täufer ihr ganzes Leben zum Dienst für den Herrn gemacht haben; sie waren nicht auf ihr Ansehen und ihre Ehre bedacht, sondern sorgten sich ganz um die Sache des Herrn. Deshalb ging eine ansteckende Freude von ihnen aus, die die Herzen froh machte. Liebe Weihekandidaten, verrichtet darum als Diakone Euren Dienst selbstlos wie Johannes der Täufer. Dann wird durch Euer Lebenszeugnis den Menschen offenbar, was wir in der ersten Lesung gehört haben: *"Der Herr, dein Gott, ist in deiner Mitte, ein Held, der Rettung bringt. Er freut sich und jubelt über dich, er erneuert seine Liebe zu dir"* (Zef 3,17).

Gottes Güte erfahrbar werden lassen

Zu Eurem Dienst gehört auch die Aufgabe, Güte zu schenken. In der zweiten Lesung hörten wir das Wort des Apostels: *"Eure Güte werde allen Menschen bekannt"* (Phil 4,5). Wie ist das gemeint? In Eurer Güte soll Gottes Güte sichtbar und greifbar werden. In Jesus Christus ist Gottes Liebe auf Erden erschienen (Tit 3,4-6). Wer mit ihm zusammenkam, konnte Gottes Liebe erfahren. Ihr sollt diese Liebe weiterschenken. Seit alten Zeiten waren die Diakone daher bevorzugt mit den Aufgaben der christlichen Caritas betraut. Der heilige Laurentius war in Rom der Diener der Armen. Ich werde Euch deshalb nachher fragen: "Seid Ihr bereit, den Armen und Kranken beizustehen, Heimatlosen und Notleidenden zu helfen?" Im Dienst der christlichen Caritas setzt sich fort, was Ihr tut, wenn Ihr den Gläubigen den Leib und das Blut des Herrn darreicht. Ihr dürft unter den heiligen Gestalten von Brot und Wein Jesus Christus an die Menschen austeilen; Ihr müßt aber durch Euer Leben auch seine Liebe an die Menschen austeilen. Das kann nur, wer wie Johannes der Täufer zum Dienst bereit ist. Darum werdet Ihr jetzt zu Diakonen, zu Dienern geweiht.

Erfüllt Euren Dienst mit ganzem Herzen: Bereitet wie der Täufer dem Herrn die Wege, auf daß seine rettende Ankunft, die wir in diesen Tagen feiern, auch in unserer Zeit Wirklichkeit werde!

Weihe der Ständigen Diakone, 11.12.1988
im Liebfrauendom zu München

Glaubwürdige Verkünder des Evangeliums

Liebe Brüder und Schwestern, in der Lesung wurde Elija ein "Prophet wie Feuer" genannt, und seine Worte wurden beschrieben als brennender Ofen. Mit dem Bild des Feuers charakterisiert die Heilige Schrift das prophetische Wirken des Elija. Kraftvoll hat er durch sein prophetisches Tun den Baalskult, den Götzendienst niedergebrannt, und ebenso kraftvoll hat er die Stämme Jakobs aufgerichtet. Mit dem Licht des Wortes Gottes, das ihm anvertraut war, hat er in der Finsternis der Zeit den Menschen damals die Wege des Heils gewiesen. Johannes der Täufer, der Patron unseres Priesterseminars, ist aus gleichem Holz geschnitzt.
Im Geist und in der Kraft des Elija ist er als der letzte und größte der alttestamentlichen Propheten dem Herrn vorangegangen und hat ihm die Wege bereitet. Im Evangelium hörten wir, wie der Heiland ihn mit Elija zusammensieht, ja ihn geradezu mit ihm identifiziert. Elija ist schon gekommen, sagt er zu seinen Jüngern und meint damit Johannes den Täufer (Mt 17,12f.).

Leben aus dem Worte Gottes

Unseren Weihekandidaten wird heute ein prophetisches Amt übertragen. Ich werde ihnen nachher das Evangelienbuch überreichen. Das Wort Gottes wird ihnen anvertraut zur Verkündigung. Es wird ihnen nicht nur als Buch in die Hand gelegt. Gottes Wort wird ihnen wie damals den Propheten in den Mund und ins Herz gelegt, damit auch sie wie eine brennende Fackel das Licht des Evangeliums hinaustragen in unser Bistum. Nur im Lichte Gottes, im Lichte der Wahrheit seines Wortes erkennen wir uns, wie wir sind, und die Welt, wie sie ist. Dieser prophetische Dienst wird heute unseren Diakonen anvertraut.

Liebe Weihekandidaten, zwei Dinge möchte ich Euch dazu sagen: erstens, nährt Euch mit dem Worte Gottes. Beim Propheten Ezechiel lesen wir, wie Gott dem Propheten den Auftrag gegeben hat, die Buchrolle zu essen, in der das Wort Gottes niedergeschrieben war. Wie eine Speise sollte er sich das Wort Gottes aneignen (Ez 3,1-3). Und in der Johannesapokalypse lesen wir dasselbe von Johannes. Auch er muß die Schriftrolle des Wortes Gottes essen (Offb 10,9f.). So sollt auch Ihr Tag für Tag Euch Gottes Wort wie eine Speise aneignen, es Euch einverleiben. Wie Ihr aus der Speise lebt, die Ihr zu Euch nehmt, so sollt Ihr aus dem Worte Gottes leben; das bedeutet, Ihr müßt Euch ständig in das Wort Gottes hineinversenken, auf Gott schauen, auf ihn hören. Die alttestamentlichen Propheten werden des öfteren Seher genannt. Sie haben auf Gott geschaut. Der erste Blick ging nicht auf die Welt, sondern auf Gott, um sich von ihm belehren zu lassen, um selbst im Licht seiner Wahrheit zu leben. Von dieser Quelle her wurde ihr prophetisches Wirken gespeist. So muß das auch bei Euch sein. Euer erster Blick geht auf Gott, auf ihn müßt ihr hören, auf ihn müßt ihr schauen. Ihr müßt kontemplative Menschen sein. Ich werde Euch nachher fragen, ob Ihr bereit seid, Männer des Gebetes zu werden. Dabei geht es nicht nur darum, daß Ihr treu Tag für Tag das Stundengebet im Namen der Kirche für das Volk Gottes verrichtet. Das ist selbstverständlich. Es geht um viel mehr. Es geht darum, daß Ihr Euch immer wieder neu wie eine Fackel hineinhaltet in das lebendige Licht Gottes, um Euch anstecken zu lassen vom Feuer seiner Wahrheit. Nur dann könnt Ihr das Licht, das Euch im Worte Gottes anvertraut ist, hineinhalten in unsere Welt. Euer prophetischer Dienst lebt von der Kontemplation. Und je tiefer Ihr Euch hineinversenkt in das Licht der Wahrheit Gottes, um so schärfer wird Euer Blick für die Welt, in die Ihr gesandt seid. Je tiefer Ihr Euch versenkt in Gottes Wort, um so besser könnt Ihr die Götzen unserer Zeit niederreißen. Das ist Eure Aufgabe. Es gibt auch heute Baale, Götzen. Und die sind gar nicht so leicht zu entlarven wie zur Zeit des Elija (1 Kön 18,20-40). Damals waren das Standbilder aus Guß, vor denen sich die Menschen zu Boden geworfen haben, vor denen sie Stiere geschlachtet und verbrannt haben. So ist das in unserer aufgeklärten Zeit nicht mehr. Das heißt aber nicht, es gäbe heute keine Götzen mehr. Sie sind viel subtiler. Da braucht es einen Scharfblick, sie zu entlarven. Und je kostbarer die Güter sind, die uns Gott geschenkt hat, um so größer ist die Gefahr, daß wir sie zu Götzen machen. Das sind jeweils ganz verschiedene Dinge. Beim einen heißt der Götze Prestige, beim anderen heißt er Sexualität, beim dritten heißt er Karriere und so weiter. Diese Götzen gilt es zu entlarven, so wie einst Elija die Götzen seiner Zeit entlarvt und niedergebrannt hat. Je tiefer Ihr Euch in das Licht der Wahrheit hineinbetet und hineinlebt, um so besser könnt Ihr die Fackel der Wahrheit Gottes dem Volke Gottes vorantragen, die Menschen auf die Wege des Lebens führen und sie zu Gott hinführen. Das ist Euer Auftrag. Nährt Euch darum täglich vom Worte Gottes. Euer prophetisches Amt lebt von der Kontemplation.

Glaubwürdige Zeugen des Evangeliums

Noch ein Zweites möchte ich Euch sagen: Vor kurzem erhielt ich einen Brief von einem unserer ältesten Priester. Er hat vor einigen Jahren bereits sein goldenes Priesterjubiläum gefeiert. In diesem Brief schreibt er mir folgendes: Vor einiger Zeit kam einer seiner früheren Ministranten aus seiner Kaplanszeit zu ihm. Und im Rückblick auf ein halbes Jahrhundert sagte dieser Mann zu ihm: "Schon als Ihr Ministrant, damals als Sie Kaplan waren, habe ich bei Ihnen gemerkt, das ist ein Mann, dem ich glauben kann. Sie haben mir damit ungeheuer viel für mein ganzes Leben geschenkt." Der Priester war darüber erschrocken in seinem Innern, weil

er merkte, wie wichtig unsere Glaubwürdigkeit ist. Und er fuhr dann weiter: "Wenn es uns gelingt, Priester und Diakone zu glaubwürdigen Verkündern des Evangeliums und zu glaubwürdigen Zelebranten des Eucharistischen Opfers zu machen, dann und nur dann gelingt uns die Weitergabe des Glaubens." Das ist das Zweite, was ich Euch sagen will: Seid glaubwürdige Zeugen. Jesus hat seine Jünger und alle Verkündiger seines Wortes zu Zeugen bestellt. Wenn ein Zeuge nicht glaubwürdig ist, braucht er gar nicht anzutreten. Er kann das Schönste, ja das Gescheiteste daherreden, wenn er nicht glaubwürdig ist, braucht er den Mund nicht aufzumachen; was er sagt, ist wertlos.
Wenn ich Euch nachher das Evangelienbuch überreiche, werde ich zu Euch sprechen: "Nimm hin das Evangelium Christi, zu dessen Verkündigung du bestellt bist. Was du liest, ergreife im Glauben, was du glaubst, das verkünde, und was du verkündest, das erfülle im Leben." Das Wort Gottes, Euer Glaube, Eure Verkündigung und Euer Leben müssen nahtlos übereinstimmen. Das muß eine Einheit sein. Nicht nur dann, wenn Ihr am Ambo steht und das Wort Gottes verkündet, habt Ihr das Evangelium zu verkünden. Ihr habt es auch durch Euer Leben zu tun. An Eurem Leben, an Eurem Lebensstil, überall muß man es ablesen können: Der lebt vom Evangelium, das ist ein glaubwürdiger Zeuge. Die Leute müssen wissen, woran sie bei Euch sind. Und dabei geht es um etwas ganz Wichtiges: Indem sie wissen, woran sie mit Euch sind, sollen die Menschen erfahren, woran sie mit Gott sind. Ihr habt ja nicht Euer Evangelium zu verkünden. Ihr habt Gottes Wort, das Euch anvertraut wird, zu verkünden. Ihr habt den Menschen zu sagen, wie Gott zu uns steht, wie er uns liebt. Durch Eure Glaubwürdigkeit müssen die Menschen erfahren, wie Gott zu ihnen steht, und dadurch zum Glauben kommen, auch vor die Entscheidung des Glaubens gestellt werden. Ihr Glaube soll geweckt und gestärkt

werden und wachsen und tiefer werden. Das geht nur, wenn Ihr glaubwürdig seid. Darum seid allezeit glaubwürdige Zeugen des Evangeliums!

Ergriffen vom Feuer des Heiligen Geistes

Kein Mensch kann das aus sich selbst. Niemand kann sich selbst zum Boten des Evangeliums machen. Er muß gesendet werden. Die Sendung, die Euch nun übertragen wird, ist für den Herrn selbst so wichtig, daß er Euch diese Sendung durch eine sakramentale Weihe anvertraut. Ihr werdet geprägt von dieser Sendung ein für allemal, und keine Macht der Welt kann Euch jemals dieses Prägemal Eurer Sendung wegnehmen. *"Weh mir, wenn ich das Evangelium nicht verkünde!"* (1 Kor 9,16), hat der heilige Paulus gesagt. Das sollt auch Ihr Euch sagen. Predigen heißt nicht, irgend etwas sagen, die Leute unterhalten, ein paar interessante Gedanken zum Besten geben, sondern so predigen, daß in Eurem Wort nichts Geringeres aufleuchtet als Gottes Wort selbst. Ihr sollt Verkünder des Wortes Gottes sein, wie Feuer. Euer Wort soll einem brennenden Ofen gleichen, wie das vom Propheten Elija gesagt ist. Das könnt Ihr nicht aus eigener Kraft. Aber Ihr braucht deshalb nicht zu verzagen. Denn der, der Euch sendet, der gibt Euch auch die Kraft dazu. Er ist treu. Er wird Euch nie im Stich lassen. Und die Kraft, die Euch geschenkt wird, ist nicht geringer als er selbst: sein Heiliger Geist. In der Weihepräfation werde ich den Vater im Himmel anrufen, und ich bitte Sie alle, sich diesem Gebet in Ihrem Herzen anzuschließen: "Sende herab auf sie, o Herr, den Heiligen Geist; seine siebenfältige Gnade möge sie stärken." Da seht Ihr, daß Ihr nicht alleingelassen werdet, sondern ausgerüstet werdet mit der Kraft des Heiligen Geistes, jenes Geistes, der an Pfingsten im Feuer auf die Apostel und die ersten Jünger herabkam. Es werden nachher keine Feuerzungen auf Euren Häuptern sichtbar sein wie an jenem ersten Pfingstfest, aber das

Feuer des Heiligen Geistes wird in Euer Herz hineingesenkt. Laßt Euch von ihm anstecken, daß Ihr selbst Propheten wie Feuer werdet, daß Eure Worte, Gottes Wort, in Eurem Mund brennen wie ein Ofen und die Menschen, zu denen Ihr gesandt seid, selbst zu brennen beginnen, wie die beiden Emmausjünger vom Wort des Herrn entzündet wurden und hinterher sagten: *"Brannte uns nicht das Herz in der Brust, als er ... uns den Sinn der Schrift erschloß?"* (Lk 24,32). So müssen durch Euer Wort die Menschen entzündet werden, ihre Herzen müssen entbrennen durch den Glauben und das Feuer der Liebe zu Gott und zum Nächsten.

Meine lieben Brüder, nährt Euch täglich vom Wort Gottes und vergeßt nie, daß Euer prophetischer Dienst von der Kontemplation lebt. Seid allezeit glaubwürdige Verkünder des Evangeliums. Dann wird dort, wo Ihr Euren Dienst tut, der Glaube lebendig bleiben.

Diakonenweihe der Priesteramtskandidaten,
16.12.1989 im Liebfrauendom zu München

"Ich bin mit dir"

Als Gott Jeremia ins Prophetenamt berief, wollte dieser sich wehren: *"Ach, mein Gott und Herr, ich kann doch nicht reden, ich bin ja noch so jung"* (Jer 1,6). Gott aber läßt diesen Einwand nicht gelten, sondern erwidert: *"Sag nicht: ich bin noch so jung. Wohin ich dich auch sende, dahin sollst du gehen"* (Jer 1,7).

Zustimmung zu Gottes Entscheidung

Die Berufung des Propheten zeigt uns, wer entscheidet und wie die Entscheidungen zu verrichten sind. Jeremia muß sich entscheiden, dem Ruf Gottes zu folgen. Aber seine Entscheidung ist bereits Antwort auf die Entscheidung, die Gott zuvor über ihn getroffen hat. Vor dem, was Gott will, haben seine Einwände und Bedenken kein Gewicht. Jeremia nennt sie zwar, aber Gott schiebt sie beiseite mit seiner Zusage: *"Fürchte dich nicht ...; denn ich bin mit dir"* (Jer 1,8).

Liebe Weihekandidaten, so ist das auch mit Euch. Gott hat sich entschieden und Euch zum Diakonenamt berufen. Gewiß will er seine Entscheidung nicht ohne Eure Zustimmung ausführen. Ihr mußtet Euch entscheiden und mit Eurem eigenen Ja antworten. Wahrscheinlich hattet Ihr andere Bedenken als Jeremia. Ihr steht im reifen Mannesalter und blickt auf eine reiche Lebenserfahrung und Berufserfahrung zurück. Ihr habt nicht die Angst, noch zu jung zu sein, aber andere Fragen haben Euch auf Eurem Berufungsweg beschäftigt: Es gilt, die Familie zu berücksichtigen. Läßt sich die Familie in das neue Amt miteinbeziehen? Und läßt sich dieser Dienst mit dem Zivilberuf vereinbaren? Solche Fragen müssen bedacht sein, um zu einer Entscheidung zu kommen. Ihr habt Euch entschieden und damit auf Gottes Ruf mit Eurem Ja geantwortet. Gott gibt Euch jetzt in der

Weihe seine Zusage: "Fürchte dich nicht, ich bin mit dir."

Gesandt zu heilen

Wozu beruft Euch Gott? Wozu braucht er Euch? Das Evangelium (Mt 9,35-38) gibt uns darauf die Antwort. Jesus tritt uns darin als guter Hirte entgegen. Er sah die Menschen, die sich hilfesuchend an ihn wandten, und er hatte Mitleid mit ihnen. Sie waren müde und erschöpft wie Schafe, die keinen Hirten haben. Er will sie nicht allein lassen. Die Armen und Kranken liegen ihm in besonderer Weise am Herzen, und er heilt sie; er schenkt ihnen Heil.

Was wir im Evangelium gehört haben, betrifft nicht nur die Vergangenheit. Das Verhalten Jesu damals im Heiligen Land betrifft auch unsere Zeit. Auch da gibt es Kranke und Arme, die unserer Hilfe bedürfen. Jesus selber sagt: *"Die Armen habt ihr immer bei euch"* (Joh 12,8). Man könnte dieses Wort Jesu auch ergänzen und sagen, auch Kranke habt ihr allezeit bei euch trotz des großen Fortschritts der Medizin.

Es gibt jedoch auch Krankheiten und Gebrechen anderer Art: Taube, die nicht zum Ohrenarzt gehen müssen, sondern an einer anderen Taubheit leiden, die nicht auf Gottes Wort hören und darum auch nicht zum Glauben kommen, oder den Glauben, den sie einmal hatten, wieder verlieren; denn der Glaube kommt vom Hören. Menschen, die unfähig sind zu hören, daß Gott zu ihnen spricht. Auf vielfältige Weise spricht er, vor allem in der Heiligen Schrift und in der kirchlichen Verkündigung. Es gibt Blinde, Menschen, die nicht sehen, worauf es ankommt; die die Not ihres Mitmenschen nicht sehen, weil sie bloß sich selbst sehen. Sie sind durch ihren Egoismus verblendet und kennen darum nur sich selbst. Auch das ist eine Krankheit, sogar eine schlimme Krankheit. Es gibt Lahme, Menschen, die es nicht fertig bringen, ihre Hand auszustrecken und die

Hand der Versöhnung zu reichen. Wir haben viele Kranke unter uns, und mit ihnen allen hat Jesus Mitleid, so wie er damals mit den Menschen Mitleid hatte. An sie will er sich wenden, um sie zu heilen. Und dazu braucht er Euch.

In der Kraft seines Wortes

Dazu gibt er Euch sein helfendes, heilendes Wort. Ich werde Euch nachher das Evangelienbuch überreichen. Ich werde es in Eure Hände legen. Aber damit ist nur etwas viel Tieferes angezeigt, was Gott selbst tut. Er legt Euch sein Wort in Euren Mund wie er es beim Propheten getan hat. Ja noch mehr, er legt es in Euer Herz, daß Ihr sein Wort den Menschen so weitersagen könnt, daß die Menschen in Eurem Wort ihn vernehmen: sein heilendes, helfendes Wort. Das ist nicht nur ein Wort, das so einfach hingesagt wird, das verrauscht wie Schall und Klang; dieses Wort Gottes hat eine Kraft, die Leben spendet. Mit seinem Wort hat Jesus ja sogar Tote erweckt.
Dieses Wort wird Euch in die Hände, in den Mund, ins Herz gelegt. Jesus will durch Euch die Menschen seine Liebe spüren lassen. Er hat Mitleid mit ihnen. Die Menschen sollen durch Euch spüren, daß Jesus sie liebt.

Verwirklichung seiner Liebe

Es geht bei der Diakonenweihe nicht um Selbstverwirklichung, sondern darum, daß Ihr Euch in den Dienst der Liebe Gottes stellt, und zwar so, daß sie sich in dieser Welt verwirklicht. Nicht um Eure Selbstverwirklichung geht es, sondern um die Verwirklichung der Liebe Gottes unter den Menschen. Dazu wird Euch Gottes Geist geschenkt.
In der Weihepräfation bitten wir nachher den Vater im Himmel, daß er seinen Geist über Euch aussendet. Dieser Geist hat die heiligen Schriftsteller, die uns die Bibel niedergeschrieben haben, inspiriert, und zwar so in-

spiriert, daß in dem Wort, das sie niedergeschrieben haben, Gott selber zu uns spricht. Dieser Geist wird auch Euch zuteil durch die Weihe, damit er auch Euch inspiriert und die Menschen durch Euer Wort Gottes Wort erfahren. Und dieser Geist ist ein Geist heilender und helfender Liebe. Er will in Euch wirken, daß in Eurer Zuwendung Jesu Zuwendung, in Eurem Dienst Jesu Dienen erfahrbar wird.
Die Machttaten, die Jesus gewirkt hat, die Menschen, die er geheilt hat, das alles hat er getan in der Kraft dieses Geistes. An diesem Geist empfangt Ihr nun Anteil, daß auch durch Euch geschieht, was damals von Jesus gesagt wurde: Blinde sehen, Lahme gehen, Taube hören, den Armen wird die frohe Botschaft verkündet (vgl. Mt 11,5). Dazu empfangt Ihr den Geist Gottes, daß sich Gottes Liebe durch Euch verwirkliche.

Weihe der Ständigen Diakone, 24.9.1994
im Liebfrauendom zu München

"Fackeln gleich"

Der Regens des Priesterseminars hat unsere Weihekandidaten aufgerufen und mich gebeten, sie zu Diakonen zu weihen. Was geschieht in der Weihe an ihnen?

Entzündet mit dem Feuer des Heiligen Geistes

Der heilige Augustinus sagte von den Aposteln: "Das Evangelium wurde ihnen (dem Volk) von denen verkündigt, die Christus - Fackeln gleich - durch sein Wort bereitet und im Heiligen Geist entzündet hatte." Augustinus vergleicht die ersten Verkünder des Gotteswortes, die Apostel, mit Fackeln, die Christus mit seinem Heiligen Geist entzündet hat. Dasselbe gilt auch für die Verkünder des Evangeliums heute, für unsere Weihekandidaten. Denn sie werden durch das Gebet und die Auflegung meiner Hände zu Verkündern des Evangeliums geweiht. Ich werde sie nachher fragen, ob sie bereit sind, das Glaubensgut gemäß dem Evangelium und der Überlieferung der Kirche in Wort und Tat zu verkünden. Und ich werde jedem von ihnen das Evangelienbuch überreichen mit den Worten: "Nimm hin das Evangelium Christi, zu dessen Verkündigung du bestellt bist. Was du liest, ergreife im Glauben, was du glaubst, das verkünde, und was du verkündest, das erfülle im Leben." Sie werden zu Verkündern des Evangeliums bestellt. Diese Sendung vollzieht Christus selbst durch die Weihe, indem er ihnen seinen Heiligen Geist mitteilt und sie mit dem Feuer seines Geistes gleich Fackeln entzündet.

Liebe Weihekandidaten, Christus selbst setzt Euch durch das Feuer seines Geistes in Brand. Was das bedeutet und was er dadurch mit Euch machen will, seht Ihr an großen Vorbildern. Vom heiligen Dominikus, dem Gründer des Predigerordens, heißt es: "Sein Wort brannte wie eine Fackel." Was Mutter Teresa vom heiligen Franz Xaver, dem großen Missionar Indiens und Japans, denkt, drückt sie mit folgenden Worten aus: "Man sagt vom heiligen Franz Xaver, daß er sich aufrecht hielt wie eine Flamme, und seine Worte brannten wie eine Fackel." Ihr werdet nun zu Verkündern des Evangeliums geweiht. Brennt hell wie Fackeln, brennt wie Dominikus und Franz Xaver und all die großen Boten des Gotteswortes. Euer Dienst am Wort ist heute besonders nötig.

Durchdrungen von der Wirklichkeit des Herrn

Die Anfang Dezember 1985 in Rom zu Ende gegangene Weltbischofssynode hat die Evangelisierung, die Verkündigung des Evangeliums, als unsere erste und grundlegende Aufgabe betont, mit Recht. Denn die religiöse Unwissenheit ist sehr groß. Viele kennen den Glauben nicht und merken es nicht einmal. Dieser Tage schrieb mir eine Lehrerin, sie habe im Religionsunterricht bei 10- bis 11jährigen eine Krippendarstellung gezeigt. Wieviele Kinder wußten, was hier dargestellt ist? Ein einziges Kind wußte Bescheid. Solche Unwissenheit geht nicht auf das Konto der Kinder. Wir brauchen Verkünder des Evangeliums, Zeugen des Glaubens, die Fackeln gleichen und das Stroh der leeren Worte, das heute in Hülle und Fülle gedroschen wird, verbrennen, damit die Menschen gläubigen Herzens das Wort Gottes annehmen, das Geist und Leben ist.
Eine Voraussetzung müßt Ihr, liebe Weihekandidaten, erfüllen, damit Ihr hell leuchtende Fackeln werdet. Welche Bedingung ist das? Eine Fackel brennt nur dann hell, wenn sie ganz vom Wachs getränkt und durchdrungen ist. Sonst leuchtet sie nicht, sondern qualmt. Eine solche Fackel wirft man zu Boden und tritt sie aus. Ihr sollt nicht qualmen, sondern hell leuchten. Hell leuchten aber könnt Ihr nur, wenn Ihr getränkt seid vom Wort Gottes, vom Evangelium durch und durch erfüllt,

durchdrungen von der Wirklichkeit, die Ihr verkündet, von Jesus Christus.
Darum müßt Ihr Euch täglich glaubend und betend in die Heilige Schrift vertiefen, Männer des Gebetes werden und das Stundengebet Tag für Tag treu verrichten. Wenn Ihr das nicht tut, werdet Ihr bald nicht mehr leuchten, sondern nur noch qualmen. Auch der Zölibat, die Ehelosigkeit um des Himmelreiches willen, dient diesem Ziel. Durch Eure Ganzhingabe an den Herrn sollt Ihr immer tiefer von Christus durchdrungen und erfüllt werden, der das Licht der Welt ist und nun durch Euch in die Welt leuchten will.

Licht in ungeteilter Hingabe

Im Evangelium (Lk 1,35-45) hörten wir, wie Maria den Herrn zu Elisabeth trug und Johannes der Täufer und seine Mutter Elisabeth durch das Kommen des Herrn vom Heiligen Geist erfüllt wurden. Maria glich einer Fackel, die Christus, das Licht, zu Johannes und Elisabeth getragen hat, so daß beide vom Licht Christi entzündet wurden. Maria konnte das nur, weil sie sich ganz für das Wort Gottes geöffnet und sich Gott vorbehaltlos und ungeteilt übereignet hatte. Schaut auf Maria! Sie möge Euch führen, daß auch Ihr Euer ganzes Leben in der vorbehaltlosen und ungeteilten Hingabe an den Herrn lebt, tief durchdrungen von der Wirklichkeit Jesu Christi, daß Ihr allzeit hell leuchtende Fackeln seid, die Christus ausstrahlen. Dann wird sich durch Euren Dienst am Wort erfüllen, was wir in der Lesung aus dem Propheten Zefanja (Zef 3,14-17) gehört haben. Durch Euer Zeugnis für Gottes Wort werden die Menschen in Freude ausbrechen, weil sie erkennen: Der Herr, unser Gott, ist in unserer Mitte.

Diakonenweihe der Priesteramtskandidaten,
21.12.85 im Liebfrauendom zu München

Priester

"Durch die Salbung des Heiligen Geistes geweiht und von Christus ausgesandt"

(Presbyterorum Ordinis 12)

Gott trifft die Wahl

Unsere Weihekandidaten haben sich in langen Jahren durch Gebet, Studium und praktische Einführung auf den priesterlichen Dienst vorbereitet. So wichtig das alles ist, Priester werden sie nicht durch das, was sie in all den Jahren der Vorbereitung getan haben, sondern durch das, was ein anderer in dieser Stunde an ihnen tut. Sie konnten sich nicht einmal nach eigenem Gutdünken diesen Beruf auswählen. Denn es geht beim Priestertum nicht um einen Beruf im üblichen Sinn, sondern um eine Berufung: *"Nicht ihr habt mich erwählt, sondern ich habe euch erwählt"* (Joh 15,16). Dieses Wort Jesu an seine Apostel gilt auch für unsere Weihekandidaten.

Ein anderer erwählt

Ein anderer hat sie erwählt, ein anderer hat sie gerufen, ein anderer weiht sie jetzt zu Priestern: Jesus Christus, der Hohepriester des Neuen und Ewigen Bundes.

Es gibt in der Kirche nur einen Priester: Jesus Christus. Aber er beruft Menschen und gibt ihnen Anteil an seinem Priestertum, um durch sie in seiner Kirche zu wirken. In seinem Namen sollen sie handeln und in seiner Vollmacht als gute Hirten sein heiliges Volk leiten. In dieser Feier dürfen wir miterleben, wie Jesus Christus unseren 18 Diakonen Anteil an seinem eigenen Priestertum gibt und damit Sendung und Vollmacht erteilt.

Dies geschieht von alters her in einer heiligen Handlung: durch Auflegen der Hände und Gebet. Schweigend werde ich unseren Weihekandidaten die Hände auflegen, und mit mir tun es die Weihbischöfe und alle anwesenden Priester. Dem Auflegen der Hände schließt sich das feierliche Weihegebet an, in dem wir Gott für unsere Diakone um die Gnade der Weihe bitten. Diese heilige Handlung wird umgeben und mitgetragen von

Ihrem stillen Gebet. Sie sind also keine untätigen Zuschauer. Im ältesten Zeugnis, das uns die Weihe beschreibt und aus dem Anfang des 3. Jahrhunderts stammt, heißt es: "Alle sollen das Schweigen einhalten und in ihren Herzen beten, weil der Heilige Geist herabkommt." Liebe Brüder und Schwestern, ich bitte Sie alle, in tiefem Schweigen und mit betendem Herzen diese heilige Handlung zu begleiten. Denn es geschieht die Herabkunft des Heiligen Geistes auf unsere Weihekandidaten. Gott selbst schenkt ihnen seinen Geist und weiht sie zu Priestern seiner Kirche.

Beschenkt, um weiterzugeben

Das ist ein großes Geschenk für unsere Diakone. Euch bitte ich, öffnet weit Euer Herz für die Gnade der Weihe, für den Heiligen Geist. Übergebt Euch ihm ohne Zaudern und ohne Vorbehalt! Die Weihe dieser Männer ist aber auch ein großes Geschenk für uns, für die Kirche von München und Freising. Denn unsere Diakone werden nicht für sich geweiht, sondern für uns, für den Dienst in der Kirche, für den Dienst an den Menschen. Öffnen auch wir uns für das Geschenk, das Gott seiner Kirche und damit uns allen in dieser Stunde bereitet!

Liebe Weihekandidaten, Ihr seid jetzt Empfangende. Ihr müßt Euer ganzes Leben lang Empfangende bleiben. Was Ihr durch Euer priesterliches Wirken den Menschen bringen sollt, steht nicht in Eurer Verfügungsgewalt. Das Wort Gottes, das Ihr zu verkünden habt, die Eucharistie, die Ihr von heute an mit den Gläubigen feiern dürft, die Sakramente, die Ihr spenden werdet, sind nicht Euer Eigentum, mit dem Ihr nach Eurem Gutdünken umgehen könntet. Was Euch anvertraut wird, ist Gottes Eigentum. Als *"Diener Christi"* seid Ihr *"Verwalter von Geheimnissen Gottes"* (1 Kor 4,1), nicht deren Besitzer. Als *"Verwalter der vielfältigen Gnade Gottes"* (1 Petr 4,10) bleibt Ihr stets von Christus abhängig, wie ein Fluß von seiner Quelle abhängt. Er kann das Wasser nur weitergeben, wenn er mit der Quelle verbunden bleibt und dadurch von ihr das Wasser empfängt. Christus ist die Quelle aller Gnaden, er ist die Quelle des Heils. Darum müßt Ihr stets mit ihm verbunden bleiben und von ihm empfangen, um weiterzugeben. Jetzt verbindet Euch Christus durch seinen Geist so innig mit sich selbst, daß sein Heil, das zutiefst er selbst ist, durch Euren priesterlichen Dienst zu den Menschen gelangt.

Kraft aus der Verbindung mit Christus

Dieser Dienst ist groß und schön. Trotzdem kann ich Euch kein angenehmes, gemütliches Leben im Sinne dieser Welt versprechen. Jesus hat das auch nicht getan. In der Lesung hörten wir, wie Paulus von seinen apostolischen Leiden sprach, aber auch von der Wirksamkeit der Gnade, die ihm zuteil wurde und die auch Euch zuteil wird: *"Wir werden verkannt und doch anerkannt; wir sind wie Sterbende, und seht: wir leben; wir werden gezüchtigt und doch nicht getötet; uns wird Leid zugefügt, und doch sind wir jederzeit fröhlich; wir sind arm und machen doch viele reich; wir haben nichts und haben doch alles"* (2 Kor 6,9f.).
Einen lebenden Kommentar hierzu habt Ihr in unserem neuen Seligen, Pater Rupert Mayer. Er war von schwächlicher Gesundheit, schon in jungen Jahren. Im Krieg verlor er 1916 sein linkes Bein. Von da an war er schwerbehindert und hatte jeden Tag Schmerzen. Hinzu kam eine aufopfernde und aufreibende Sorge für die Armen. Stundenlang hielt er unter Schmerzen im Beichtstuhl aus, um den Menschen Gottes Erbarmen zu schenken. Unermüdlich verkündete er das Wort Gottes. Sie haben ihn verleumdet, eingesperrt, sie haben ihm im Konzentrationslager alles genommen. Am liebsten hätten sie ihm auch noch das Leben genommen. Trotzdem war dieser Priester immer zufrieden und zuversichtlich,

ja im tiefsten Herzen glücklich. Aus dem Konzentrationslager schreibt er an seine Mutter: "Jetzt habe ich wirklich nichts und niemand mehr als den lieben Gott. Und das ist genug, ja übergenug. Wenn die Menschen das doch einsehen wollten - es gäbe viel mehr Glückliche auf Erden." Inmitten tiefster menschlicher Verlassenheit und Not ist er ganz zufrieden, ja glücklich, weil er den lieben Gott hat. "Das ist genug, ja übergenug." Warum war das bei ihm so? Er war immer mit der Quelle, mit Jesus Christus, verbunden und empfing aus dieser Quelle alles, was er brauchte: Kraft für seinen Dienst, auch wenn dieser Dienst im Leiden für Christus bestand, und Fruchtbarkeit für sein priesterliches Wirken.

Wie Maria für Gott verfügbar

Worauf kommt es an, damit Ihr mit der Quelle in steter Verbindung bleibt? Der selige Pater Rupert Mayer sagt es Euch: Es kommt auf die Haltung Mariens an, die sich Gott ohne Vorbehalt öffnete und ihn verfügen ließ: "'Siehe, ich bin eine Magd des Herrn!' Wer dies gelernt und erfaßt hat, der hat das große Los gezogen", sagt Rupert Mayer.

Euer erstes Priesterjahr fällt in das Marianische Jahr. Lernt von Maria, was es heißt, "Knecht des Herrn" zu sein, wie sie die "Magd des Herrn" war. Öffnet auch Ihr Euch Gott ohne Vorbehalt und laßt ihn über Euch verfügen, wie Maria es getan hat! Dann habt auch Ihr das große Los gezogen. Stellt Euch unter den Schutz Mariens! Vertraut Euch und Euer priesterliches Wirken ihr an, auf daß sie auf Eurem Lebensweg mit Euch geht, wie sie mit ihrem Sohn gegangen ist! Und wie sie dabei war, als unser Hohepriester Jesus Christus auf dem Altar des Kreuzes sich selbst als Opfer des neuen und ewigen Bundes darbrachte, so stehe sie Euch bei, wenn Ihr dieses Opfer feiert und als Diener ihres Sohnes Gottes Volk den Weg des Heiles führt.

Meine lieben Weihekandidaten, wenn Ihr Euch daran haltet, wird sich für Euch der Wunsch erfüllen, den der Prediger bei der Primiz dem Neupriester Rupert Mayer entboten hat: "Mögen Sie am Ende Ihres Lebens sprechen können: 'Durch meine Schuld ist niemand verloren gegangen. Ich habe mich der Armen und Verlassenen mit besonderer Liebe angenommen. Ich habe zu den Kranken meine Schritte gelenkt, und es war mir dabei kein Weg zu weit und keine Stunde zu unbequem bei Tag und bei Nacht. Ich habe nie gebunden, wo ich lossprechen durfte, aber auch nie losgesprochen, wo ich binden sollte. Ich habe nie geschwiegen, wo ich reden sollte. Menschenfurcht war nie von Einfluß auf mein Tun und Lassen; mein ganzes Streben ging einzig daraufhin zu tun, wozu ich von Gott gesandt worden bin.'" Daß Ihr am Ende Eures Lebens so sprechen könnt, das wünsche ich Euch jetzt in der Stunde Eurer Weihe von ganzem Herzen.

Priesterweihe, 27.6.1987 im Mariendom zu Freising

Von Gott gewirkte Sendung

Die jungen Männer, die der Herr Regens soeben namentlich aufgerufen hat, werden nun zu Priestern geweiht. Was ist das genau, was mit ihnen bei dieser Weihe geschieht?
Die Priesterweihe wird durch Handauflegung und Gebet gespendet. Ich lege ihnen die Hände auf, und nach mir tun das alle anwesenden Priester. Daran schließt sich das Weihegebet an. Ich werde dieses Gebet an den Vater im Himmel richten, und Sie alle sollen in Ihrem Herzen mitbeten.
Was wir sehen und hören, ist nicht alles, was an unseren Weihekandidaten geschieht. Es geschieht mehr. Was wir sehen und hören, ist nur die sinnenhaft wahrnehmbare Außenseite der Weihe, die sichtbare Gestalt des unsichtbaren Geschehens, das Gott selbst wirkt.

Anteil an der Sendung des Sohnes

Gott ist es, der unsere Weihekandidaten zu Priestern weiht, genauer gesagt der Vater. Ihn bitten wir nachher im Weihegebet: "Gib diesen deinen Dienern die Würde des Priestertums." So groß ist, was in der Priesterweihe geschieht, daß nur Gott es wirken kann. Er tut dies heute durch meinen bischöflichen Dienst, aber er ist es, der es tut.
Was wirkt Gott in der Weihe an ihnen? Er gibt ihnen Anteil an der Sendung seines Sohnes Jesus Christus. Der Vater hat den Sohn in die Welt gesandt. Darum ist Jesus der Apostel, der Gesandte seines Vaters. Sein Auftrag ist es, die Menschen zum Vater zu führen. Sie sollen nicht verloren gehen, sondern gerettet werden und in den Himmel kommen.
Dazu brauchte Jesus Helfer. Darum hat er die zwölf Apostel auserwählt. Sie sollen seine Sendung und damit sein Werk weiterführen. *"Wie mich der Vater gesandt*

hat, so sende ich euch" (Joh 20,21), sagt der Auferstandene zu seinen Jüngern. Die Apostel haben wiederum Helfer zur Erfüllung ihres Auftrags hinzugezogen und ihnen Anteil an ihrer Sendung gegeben.
Die Sendung Jesu, die er vom Vater empfangen hat, lebt weiter bis heute in den Nachfolgern der Apostel. An dieser Sendung erhalten nun unsere Brüder in der Priesterweihe Anteil. Gott selbst gibt ihnen diesen Anteil. Er nimmt sie durch die Weihe hinein in die Sendung seines Sohnes zum Heil der Welt, und Jesus nimmt sie an als seine priesterlichen Mitarbeiter.

Ausrüstung im Heiligen Geist

Das aber ist noch nicht alles. Der Vater gibt ihnen nicht nur Anteil an der Sendung seines Sohnes, er gibt ihnen dazu auch in besonderer Weise seinen Heiligen Geist. "Erneuere in ihnen den Geist der Heiligkeit", bitten wir im Weihegebet den Vater. Ohne diese Gabe des Geistes ist es unmöglich, den Dienst des Priesters zu erfüllen.
Wir sehen das am Verhalten der Apostel vor und nach Pfingsten. Vor Pfingsten waren sie hilflos und verängstigt, wußten nicht, wie es weitergehen soll. Mit Pfingsten wird das anders. Ihre Furcht ist gewichen. Mutig legen sie Zeugnis für Jesus Christus ab, sie predigen freimütig im Tempel, lassen sich um Jesu willen einsperren und treten furchtlos vor dem Hohen Rat auf. Der Heilige Geist ist die Ausrüstung der Apostel für ihre Sendung. Mit diesem Geist werden nun auch unsere Weihekandidaten für den priesterlichen Dienst ausgerüstet.
Um das Kommen des Geistes sollen wir alle in dieser Stunde beten. Dem römischen Priester Hippolyt verdanken wir die erste Beschreibung einer Bischofsweihe im Anfang des 3. Jahrhunderts. Was er dort zur Handauflegung sagt, gilt auch im Blick auf die Priesterweihe: "Alle sollen schweigen und in ihrem Herzen um die Herabkunft des Heiligen Geistes beten."

Ich bitte Sie alle um dieses Gebet. Dadurch sind Sie keine Zuschauer, sondern wirken bei der Priesterweihe mit.
Bei unserem Tun, beim Auflegen der Hände und beim Gebet, wird also Gott selbst tätig. Der himmlische Vater weiht unsere Brüder zu Priestern, indem er sie in die Sendung seines Sohnes Jesus Christus hineinnimmt und sie dazu mit dem Heiligen Geist ausrüstet.

Sein Volk bereiten

Liebe Mitbrüder, da seht Ihr, was Gott in dieser Stunde an Euch wirkt. Warum tut er das? Im Weihegebet heißt es: "um dir ein priesterliches Volk zu bereiten". Durch Euren Dienst will Gott aus den Menschen sein Volk machen, seine Kirche immer mehr Gestalt werden und wachsen lassen. Wie Eure Priesterweihe ist auch Euer priesterlicher Dienst vom Geheimnis des dreifaltigen Gottes geprägt. Denn die Kirche ist das von der Einheit des Vaters und des Sohnes und des Heiligen Geistes geeinte Volk (Lumen Gentium 4). Durch Euren Dienst teilt sich Gott den Menschen mit, und zwar im Geheimnis seines dreifaltigen Lebens. Das wird deutlich an der Taufe, deren Spendung untrennbar zu Euren priesterlichen Aufgaben gehört. Durch Euren Dienst teilt sich Gott den Menschen mit und nimmt sie in die Lebensgemeinschaft mit sich auf. Diese Lebensgemeinschaft mit Gott, die in der Taufe beginnt, sollt Ihr durch Euer priesterliches Wirken stärken und vertiefen, auf daß sie einmal in Gott ihre Vollendung findet. Da seht Ihr, welch große und schöne Aufgabe Euch heute anvertraut wird.

Unter dem Gesetz des Weizenkorns

Allerdings werdet Ihr auch die Erfahrung machen, daß Menschen gar nicht haben wollen, was Ihr ihnen im Auftrag Gottes bringt. Ihr werdet auf Menschen treffen, deren Leben und Lebenssinn eingegrenzt sind auf die

sichtbare, mit Händen zu greifende Welt. Sie geben Gott in ihrem Leben keinen Raum. Und manchmal werdet Ihr das Gefühl haben, als sei alles umsonst.
Jesus erging es nicht anders. Er wurde schließlich ausgestoßen und ans Kreuz gehängt. Am Karfreitag abend schien alles umsonst. Aber es war nicht umsonst. An Ostern ersteht er siegreich von den Toten. Was am Karfreitag als Untergang erschien, enthüllt sich als das Sterben des Weizenkorns, das von Ostern an reiche Frucht trägt. Seitdem bringt Christus in seiner Kirche reiche Früchte hervor, bis auf den heutigen Tag. Von jetzt an will er auch durch Euren Dienst Früchte hervorbringen.
Die Fruchtbarkeit Eures priesterlichen Wirkens erwächst nicht aus Eurem Können, sondern aus dem Kreuz Christi. Wenn ich Euch nachher die Opfergaben überreiche, fordere ich jeden einzeln auf: "Stelle dein Leben unter das Geheimnis des Kreuzes!" Dadurch bringt Ihr Euch selbst und Euren Dienst in Zusammenhang mit der Quelle aller Fruchtbarkeit, mit dem gekreuzigten Herrn, der zugleich der Auferstandene ist. Darum wird nichts, was Ihr in seinem Namen tut, vergeblich sein.
Laßt Euch nun vom Vater in die Sendung seines Sohnes hineinnehmen und mit dem Heiligen Geist für Euren priesterlichen Dienst ausrüsten! Und stellt voll Zuversicht Euer Leben und Wirken unter das Geheimnis des Kreuzes! Dann werdet Ihr nicht vergeblich arbeiten, sondern reiche Frucht tragen, die bleibt für die Ewigkeit, weil Gott sich durch Euren Dienst den Menschen mitteilt und sie für immer glücklich macht in seinen göttlichen Armen.

Priesterweihe, 25.6.1994 im Mariendom zu Freising

In der Kraft seiner Gnade

Wer von uns denkt in dieser Stunde nicht über den heutigen Tag hinaus an die vielfältigen Aufgaben, denen sich unsere Weihekandidaten in Zukunft stellen müssen? Priesterweihe ist ja nicht Abschluß, sondern Anfang. Worum geht es bei den vielen und vielfältigen Aufgaben des Priesters im letzten? Die Antwort auf diese Frage bringt der Ritus der Priesterweihe durch folgende Handlung zum Ausdruck: Die neugeweihten Priester werden sich nachher vor mich knien, ich werde jedem Hostienschale und Kelch mit Brot und Wein überreichen und sagen: "Ahme nach, was du vollziehst!"

Christi Liebe den Menschen austeilen

Was vollziehen sie mit diesen Opfergaben? Durch ihren Dienst werden Brot und Wein in Christi Fleisch und Blut verwandelt und den Gläubigen ausgeteilt. Durch sie will also Christus in seiner Kirche gegenwärtig werden. Sie sollen ihn zu den Menschen tragen und ihnen seine in Fleisch und Blut leibhaft gewordene Liebe überbringen. Selbst sollen sie dabei wie Gefäße sein, durch die Christus seine Liebe verschenkt und die Herzen der Menschen verwandelt und froh macht. Dazu werden sie geweiht, mit ihrem ganzen Dasein, mit Mund und Hand und Herz die erlösende Liebe Christi auszuteilen. Der Schenkende ist der Herr selbst. Aber er schenkt sich durch sie. Darum müssen sie in ihrem Tun und Leben den sich verschenkenden Jesus sichtbar machen, indem sie nachahmen, was sie vollziehen.

Das gilt nicht nur für die Feier der Eucharistie, das gilt für alles, was ihnen aufgetragen ist: für die Verkündigung des Evangeliums, für die Spendung der Sakramente, für die Sorge um die Familien, die Alten und Kranken, für die Kinder und die Jugend. In allem, was sie tun, müssen und dürfen sie Christi Liebe an die

Menschen austeilen, so daß in ihrem Dienst der sich verschenkende Herr inmitten der Gemeinde sichtbar wird.

Vom Herrn geführt

Liebe Weihekandidaten, damit dies gelingt, genügt es nicht, daß Ihr Euch heute zu Priestern weihen laßt. Es kommt auch entscheidend darauf an, wie Ihr Euren priesterlichen Dienst verrichtet. Dies zeigen Euch die beiden Apostel Petrus und Paulus, deren Fest wir heute feiern:

Als Paulus bei Damaskus zum Apostel berufen wurde, war sein erstes Wort: *"Herr, was soll ich tun?"* (Apg 22,10). Sofort unterwirft er sich dem Willen des Herrn. Ihm gehorcht er ohne Wenn und Aber. Von ihm weiß er sich ergriffen (Phil 3,12) und zu eigen genommen. Jesus ist sein Herr, er ist sein Knecht, sein Sklave; nicht sein Bediensteter oder Angestellter, der sein Dienstverhältnis wieder lösen könnte. Er ist der Sklave Jesu Christi, der dem Herrn für immer gehört.

Bei Petrus ist es nicht anders. Der Auferstandene sagt ihm in der Stunde, da er ihn zum Hirten seiner Kirche einsetzt: *"Ein anderer wird dich gürten und dich führen, wohin du nicht willst"* (Joh 21,18). Was das bedeutete, hörten wir in der Lesung: Er wird ins Gefängnis geführt, mit Ketten gefesselt. Aber die Ketten fallen auch wieder ab, und der Engel Gottes führt ihn ins Weite, in die Freiheit (Apg 12,1-11). Weder das eine noch das andere hat er geplant. Nicht Petrus legt seinen Lebensweg fest. Das ist Sache des Herrn.

Das gilt auch für Euch. Auch Ihr werdet jetzt Knechte, Sklaven Jesu Christi, die dem Herrn für immer gehören. Er führt Euch, und Ihr müßt Euch von ihm führen lassen. Sein Wille ist allein maßgebend. Wie er über Euch verfügt, ist es recht.

Zu Eurem Knechtsein kommt noch ein Zweites: Ehe Jesus Petrus am See von Tiberias zum obersten Hirten

seiner Kirche bestellt (Joh 21,15-17), fragt er ihn nach seiner Liebe: *"Simon, Sohn des Johannes, liebst du mich?"* Dreimal fragt Jesus, und dreimal legt Petrus das Bekenntnis seiner Liebe ab: *"Ja, Herr, du weißt, daß ich dich liebe ... Herr, du weißt alles; du weißt, daß ich dich liebhabe"* (Joh 21,17). Paulus ist von derselben Liebe zum Herrn erfüllt. *"Die Liebe Christi drängt uns"* (2 Kor 5,14). Die Liebe Christi treibt ihn zu den Menschen, sie läßt ihn Leid, Sorgen und Gefahren ertragen. So tief ist er durch die Liebe mit Jesus verbunden, daß er sagen kann: "Nicht mehr ich lebe, sondern Christus lebt in mir" (Gal 2,20).
"Knechte Jesu Christi" seid Ihr und zugleich ihm in tiefster Liebe verbunden. Das ist kein Widerspruch; im Gegenteil, Knechtsein und Liebe bedingen einander. Ihr dürft ihn austeilen und seine Liebe zu den Menschen tragen. Und er nimmt Euch in seinen Dienst, um durch Euren von seiner Liebe beseelten Dienst sich selbst den Menschen zu schenken. In Eurem Dasein für die Menschen wird sein Dasein für die Menschen gegenwärtig. In Eurem Hirtendienst wird sein Hirtendienst wirksam. Durch Euch kommt seine erlösende Liebe zu den Menschen. Darum "ahmet nach, was Ihr vollzieht!"

Zuversicht im Vertrauen auf seine Gnade

Wenn Ihr so Euren priesterlichen Dienst verrichtet, werdet Ihr bei aller Last, die Euch auferlegt wird, Männer der Freude sein und es immer mehr werden. Als Paulus mit Silas auf seiner zweiten Missionsreise nach Philippi kommt, ergeht es den beiden schlecht. Sie werden gefangengenommen, die Kleider werden ihnen vom Leib gerissen, sie werden öffentlich ausgepeitscht und ins Gefängnis geworfen. Ihre Füße werden in den Block gespannt, so daß sie sich nicht mehr fortbewegen können. Wie reagieren die beiden? Sie hätten allen Grund zum Jammern und zur Selbstbemitleidung. Aber nichts dergleichen. Sie beten und singen Loblieder auf

Gott (Apg 16,19-25). Und Gott wendet dann alles zum Besten. Sie erlangen die Freiheit. Welch eine Kraft und Zuversicht, welch eine tiefe Freude muß in diesen "Knechten Jesu Christi" lebendig gewesen sein, daß sie sich so verhalten konnten! Wenn Euch einmal die Last niederdrücken will, denkt an Paulus und Silas im Kerker von Philippi und verfallt nicht in Selbstbemitleidung und in ein unmännliches Gejammere, sondern prüft, ob Eure innere Haltung noch stimmt, ob Ihr noch ja sagt zum Knechtsein für den Herrn und ob Eure Liebe zu Jesus noch rein und stark ist. Wenn diese Haltung stimmt, werdet Ihr in jeder Lage wie Paulus und Silas Loblieder auf Gott singen können. Und die Freude am Herrn und seinem Dienst wird nie aus Eurem Herzen weichen, was immer auch über Euch kommen mag.
Geht ohne Angst, vielmehr in großer Zuversicht an den priesterlichen Dienst, der Euch jetzt aufgetragen wird! Bei diesem Dienst für den Herrn ist nicht Eure Schwachheit maßgebend, sondern die Macht seiner Gnade. Darum wird Euch unter Handauflegung und Gebet Gottes Geist geschenkt, damit er durch Euch wirkt, was Ihr aus Euch nicht wirken könnt: das Heil der Menschen.
Der Geist des Herrn stärke Euch, daß Ihr täglich mit Petrus sprechen könnt: *"Herr, du weißt alles; du weißt, daß ich dich liebhabe"* (Joh 21,17), und daß Ihr am Ende Eures Lebens mit Paulus sagen könnt: *"Ich habe den guten Kampf gekämpft, den Lauf vollendet, die Treue gehalten"* (2 Tim 4,7). Maria, die Mutter unseres Herrn und unsere Mutter, geleite Euch auf all Euren Wegen mit ihrer Fürbitte und ihrem mütterlichen Schutz!

Priesterweihe, 29.6.1991 im Mariendom zu Freising

Er allein trägt

Wie kommen unsere Weihekandidaten dazu, hier zu stehen und sich zu Priestern weihen zu lassen? Es ist ihre freie Wahl und Entscheidung. Ich werde sie nachher fragen, ob sie bereit sind, sich zu Priestern weihen zu lassen. Und jeder wird antworten: Ich bin bereit. - Aber dieser ihrer freien Wahl und Entscheidung ging eine andere freie Wahl und Entscheidung voraus, die Wahl des Herrn: *"Nicht ihr habt mich erwählt, sondern ich habe euch erwählt"* (Joh 15,16). Unsere Weihekandidaten stehen hier, weil Christus sie erwählt hat und sie seine Erwählung angenommen haben.

Zum Dienst des Wortes und der Sakramente erwählt

Wozu hat sie der Herr erwählt? Was ist ihre Aufgabe? Nach dem reichen Fischfang warf sich Petrus dem Herrn zu Füßen und sagte: *"Herr, geh weg von mir; ich bin ein Sünder."* Jesus aber sagte zu ihm: *"Fürchte dich nicht! Von jetzt an wirst du Menschen fangen"* (Lk 5,8-10). Genau das sollen auch unsere Neupriester tun. Sie werden gesandt, Menschen zu fangen. Was heißt das? Sie sollen hinausgehen und Menschen für Christus gewinnen, sie zu Jüngern Christi machen. Bei aller Beanspruchung ist das die schönste Aufgabe, die es gibt. Und zugleich ist es der wichtigste Dienst, der Menschen geleistet werden kann.

Sie haben den Menschen die schönste Botschaft zu bringen. Bedenken wir, welche Nachrichten uns Tag für Tag erreichen in den Zeitungen und Sendungen des Rundfunks. Das meiste, so interessant es im Augenblick sein mag, ist wert, bald wieder vergessen zu werden. Von dem, was uns da geboten wird, kann der Mensch nicht leben. Wie anders sieht die Nachricht aus, die unseren Weihekandidaten anvertraut wird, damit sie sie den Menschen überbringen! Diese Botschaft kommt von

Gott. In ihr teilt Gott uns mit, wie er zu uns steht. Aus uns wissen wir das nicht. Wie Gott zu uns steht, davon hängt unser Leben ab. Unsere Weihekandidaten werden gesandt, den Menschen zu sagen, daß Gott sie liebt, und zwar so sehr, daß er seinen eigenen Sohn am Kreuz für uns dahingegeben hat. In dieser Botschaft sollen sie den Menschen auch sagen, was Gott mit uns vorhat: Er liebt uns so sehr, daß er mit uns sein Glück, seine Freude, sein Leben teilen will. Und schließlich dürfen sie den Menschen den Weg dorthin zeigen, indem sie sie lehren, alles zu befolgen, was der Herr den Jüngern geboten hat (Mt 28,20). Es gibt für uns Menschen keine wichtigere und beglückendere Botschaft als das Evangelium, das die Kirche durch den Dienst ihrer Priester zu verkünden hat.

Zu ihrem Dienst gehört nicht nur die frohe Botschaft, die sie im Namen der Kirche, ja im Namen Jesu Christi weiterzugeben haben. Dazu gehört auch, daß sie große Dinge tun. Sie sammeln Menschen um den Altar, um Jesus Christus. Durch ihren priesterlichen Dienst kommt der Herr in die Mitte der Jünger. Was uns die Evangelien vom Auferstandenen berichten, wie er in die Mitte seiner Jünger trat, mit ihnen sprach, das Brot brach und Mahl hielt, das geschieht durch das Tun des Priesters auch heute in der Kirche. Er reicht den Gläubigen Christus, das Brot für das Leben der Welt. Ihm ist der Dienst der Versöhnung aufgetragen. Im Sakrament der Buße darf er Menschen die schwerste Last, die Sündenlast, wegnehmen. Er ruft Gottes Segen auf den Bund der Ehe herab. Er stärkt die Kranken und Sterbenden mit einer Medizin, einer Stärkung, die vom göttlichen Arzt verordnet und bereitet ist. Als guter Hirte leitet und begleitet er die ihm anvertraute Herde auf dem Weg zu Gott, in die Freude des himmlischen Hochzeitsmahles.

Teilhabe an Christi Sendung

Liebe Brüder, dieser große und schöne Dienst wird Euch heute übertragen. Niemand kann ihn im eigenen Namen und aus eigener Kraft wahrnehmen. Solchen Dienst könnt Ihr nur tun in der Vollmacht Christi und in der Kraft seines Geistes. Darum geschieht jetzt bei der Weihe an Euch, was uns das Evangelium von den Aposteln berichtet: Der Auferstandene sagte zu den Jüngern: *"Wie mich der Vater gesandt hat, so sende ich euch."* Dann hauchte er sie an und sprach: *"Empfangt den Heiligen Geist!"* (Joh 20,21f.). An Christi Sendung erhaltet Ihr Anteil: *"Wie mich der Vater gesandt hat, so sende ich euch."* Und weiter gibt Euch der Herr aufs neue seinen Geist, in dessen Kraft Ihr Euren Auftrag erfüllen könnt.

Allein der Herr trägt

Ihr müßt nur eines tun: Ihr müßt tun, was Petrus tat, als der Herr auf dem stürmischen See daherkam und die Jünger meinten, es sei ein Gespenst, und vor Angst schrien. Jesus gibt sich ihnen zu erkennen, und Petrus sagt zu ihm: "Herr, wenn du es bist, so befiehl, daß ich auf dem Wasser zu dir komme." Jesus sagte: "Komm!" Da stieg Petrus aus dem Boot und ging über das Wasser auf Jesus zu (Mt 14,28f.). Den letzten und menschlich gesehen einzigen Halt auf dem Wasser verläßt Petrus, nämlich das Boot, und stellt sich auf das Wasser, das keine Balken hat. Damit zeigt Petrus, wer ihn und uns trägt: nicht der Boden, auf dem unsere Füße stehen, sondern der Herr. Er trägt uns auch dort, wo die Erde wankt und nichts mehr tragen kann. Das Evangelium verschweigt uns auch nicht, daß Petrus beim heftigen Sturm in seinem Vertrauen schwach wurde und im gleichen Augenblick zu sinken begann. Aber noch in dieser Schwäche bezeugt er uns, wo wir Halt finden. Er streckt Jesus die Hand entgegen und schreit: *"Herr, rette mich!"* (Mt 14,30).

Liebe Weihekandidaten, jetzt heißt es für Euch, wie Petrus und mit Petrus aus dem Boot zu steigen, nicht auf menschliche Sicherungen zu vertrauen, sondern allein auf den Herrn. Ohne ihn seid Ihr verloren, ohne ihn geht Ihr unter. Mit ihm aber steht Ihr fest, mit ihm können Euch auch die heftigsten Stürme nichts anhaben.

Im Geheimnis des Kreuzes beschenkt

Ihr richtet Euren Blick in die Zukunft. Was der Herr für Euch vorgesehen hat, weiß niemand. Und das ist gut so. Aber auf eines müßt Ihr Euch gefaßt machen: Ihr werdet auch Enttäuschungen erleben. Warum? Weil Jesus sie auch erlebt hat. Die Menschen sind ihm weggelaufen, so daß er seinen engsten Jüngerkreis fragt: *"Wollt auch ihr weggehen?"* (Joh 6,67). Und am Schluß hing er allein am Kreuz. So schlimm wird es Euch nicht ergehen. Aber Ihr werdet teilhaben am Kreuz des Herrn. Wenn ich Euch nachher den Kelch überreiche, werde ich zu Euch sagen: "Stelle Dein Leben unter das Geheimnis des Kreuzes!" Habt davor keine Angst. Denn wenn Ihr die bedrückenden Enttäuschungen aus Gottes Hand annehmt, wie Jesus sie angenommen hat, verwandeln sie sich in beglückende Enttäuschungen. Was das heißt, mag Euch ein Gebet sagen, das in New York im Wartesaal eines Spitals angebracht ist:

Herr, ich habe dich um Kraft gebeten, um Erfolg
zu haben;
du hast mich schwach werden lassen, damit ich
gehorchen lerne.

Ich habe dich um Gesundheit gebeten, um große
Dinge zu tun;
ich habe die Krankheit erhalten, um Besseres zu
tun.

Ich habe dich um Reichtum gebeten, um glücklich
zu sein;
ich habe die Armut erhalten, um weise zu sein.

Ich habe dich um Macht gebeten, um von den Menschen geschätzt zu werden;
ich habe die Ohnmacht erhalten, um Verlangen nach dir zu verspüren.

Ich habe dich um Freundschaft gebeten, um nicht allein leben zu müssen;
du hast mir ein Herz gegeben, um all meine Brüder zu lieben …

Ich habe nichts gehabt von dem, was ich erbeten hatte;
ich habe alles gehabt, was ich erhofft hatte.

Fast gegen meinen Willen sind meine ungesagten Gebete erhört worden.

Ich bin der Beschenkteste aller Menschen.
Ich danke dir, Herr.

Liebe Brüder, wenn Ihr wie Petrus und mit Petrus aus dem Boot steigt, um in unerschütterlichem Vertrauen auf den Herrn Euren priesterlichen Dienst zu erfüllen, dann werdet Ihr bald merken: Wir sind die Beschenktesten aller Menschen.
Stellt Euch unter den Schutz der Gottesmutter! Gott hat seinen Sohn ihr anvertraut (Joh 19,27). Er selbst hat vom Kreuz herab den Jünger, den er liebte, seiner Mutter anvertraut. Vertraut Euch und Euren Dienst ihr an! Dann wird alles gut. Die Netze, die Ihr auswerft, werden wie das Netz des Petrus übervoll (Lk 5,1-11). Ihr werdet Menschen für Christus gewinnen und auf einmal erstaunt merken: Ich bin der Beschenkteste aller Menschen.

Priesterweihe, 29.6.1985 im Mariendom zu Freising

Sich ihm ganz übereignen

Unsere Diakone werden jetzt zu Priestern geweiht. Warum geschieht dies in der Form einer feierlichen Weiheliturgie, in einem Gottesdienst? Warum überreiche ich ihnen nicht einfach eine Urkunde mit dem Text: Ich ernenne Sie zum Priester auf Lebenszeit? Warum empfangen sie keine Urkunde, sondern ein Sakrament?

Anteil an seiner Sendung

Wir feiern die Priesterweihe am Fest der Apostel Petrus und Paulus. Der heilige Petrus war unter den Zwölfen der Erste und ist somit der Urtyp des Trägers jenes apostolischen Amtes, das Jesus den Zwölfen übertragen hat und von dem sich das Priestertum herleitet, das unsere Weihekandidaten nun empfangen. Wie wurde Petrus in sein Amt eingesetzt? Wir hörten es vorhin im Evangelium (Joh 21,15-17): Dreimal fragt Jesus den Petrus: *"Simon, Sohn des Johannes, liebst du mich?"* Willst du mir gehören, ganz unwiderruflich? Und Petrus antwortet dreimal: *"Ja, Herr, du weißt, daß ich dich liebhabe."* Damit übereignet sich Petrus an den Herrn. Er bindet sich an Jesus, er läßt sich an Jesus binden mit dem stärksten Band, das Personen miteinander verbinden kann, mit dem Band der Liebe.
Und Jesus sagt zu Petrus: *"Weide meine Lämmer ... weide meine Schafe!"* Er bestellt Petrus zum Hirten seiner Kirche. Er gibt ihm Anteil an seinem eigenen Hirtenamt, an seiner Sendung; aber nicht in der Weise, daß er ihn wegschickt und Petrus schauen muß, wie er allein zurechtkommt. Vielmehr bindet sich Jesus mit seiner reuelosen Liebe an diesen Petrus. Er ist fortan immer bei ihm. Wohin Petrus auch geht, der Herr ist immer und überall bei ihm, um selbst als der Gute Hirte durch Petrus seine Kirche zu leiten.
Bei der Priesterweihe ist es nicht anders. Ich werde nachher die Weihekandidaten fragen, ob sie bereit sind,

den priesterlichen Dienst zu übernehmen. Diese Fragen können sie nur dann mit einem Ja beantworten, wenn sie mit Petrus sprechen: "Ja, Herr, du weißt, daß ich dich liebe, ohne Vorbehalt, unwiderruflich, ganz." Sie stellen dem Herrn nicht nur einen Teil ihrer Kraft zur Verfügung, nicht nur einen Teil ihrer Zeit, eine Vierzig-Stunden-Woche, sondern ihre ganze Kraft, ihre ganze Zeit, sich selbst. Sie übereignen sich wie Petrus dem Herrn: Da hast du mich, wie ich bin, ganz.

Nicht Knechte, sondern Freunde

Dann werde ich ihnen kraft des apostolischen Amtes die Hände auflegen, und mit mir werden das auch die anwesenden Priester tun. Ich werde über sie beten. Während dies geschieht, wird Jesus Christus selbst sich mit ihnen verbinden, so fest und so innig, daß sie fortan teilhaben an Christi Hirtenamt und Priestertum und in seinem Namen und in seiner Vollmacht wirken dürfen, ja wirken müssen; denn dazu werden sie gesandt. Jesus verbindet sich mit ihnen, daß er selbst als Guter Hirte durch ihren priesterlichen Dienst für sein Volk sorgt in der Verkündigung des Evangeliums, in der Feier der Eucharistie und der Sakramente, in der Sorge um die Armen und Kranken. So macht der Herr unsere Weihekandidaten zu seinen Freunden und vertraut ihnen Menschen an, die er mit seinem kostbaren Blut zu eigen erworben hat: *"Ich nenne euch nicht mehr Knechte ... Vielmehr habe ich euch Freunde genannt." "Ihr seid meine Freunde"* (Joh 15,15.14).

Treu in ungeteilter Liebe

Liebe Brüder, was jetzt bei der Weihe mit Euch geschieht, hat Konsequenzen für Euer ganzes Leben. Die besondere Verbundenheit mit dem Herrn, die Christusfreundschaft, die Euch heute geschenkt wird, muß Euer ganzes Leben prägen. Die ungeteilte Freundschaft mit dem Herrn ist Eure Lebensform. Davon hängt die

Fruchtbarkeit Eures priesterlichen Wirkens ab. *"Bleibt in meiner Liebe!" ... "Bleibt in mir, dann bleibe ich in euch ... denn getrennt von mir könnt ihr nichts vollbringen"* (Joh 15,9.4.5).
Ausdruck Eurer ungeteilten Christusliebe ist die Ehelosigkeit, die Ihr bereits bei der Diakonenweihe übernommen habt, nicht aus Geringschätzung der Ehe, sondern als Ausdruck Eurer Liebe zum Herrn. Diese Ehelosigkeit wird Eure Liebesfähigkeit und menschliche Entfaltungsmöglichkeit nicht einengen; im Gegenteil, indem Ihr mit ungeteiltem Herzen dem Herrn gehört, erfährt Eure Liebesfähigkeit eine Überhöhung und Erweiterung. Verbunden mit Christus dürft Ihr die Familie Gottes lieben mit einer Liebe, die nicht aus Fleisch und Blut stammt, sondern aus dem Herzen Jesu.
Zur Lebensform Eurer Christusfreundschaft gehört, daß Ihr Männer des Gebetes seid; das heißt, daß Ihr im ständigen Austausch mit dem Herrn steht. Sonst verkümmert Eure Christusfreundschaft, und Euer Wirken entartet in Betriebsamkeit und Leerlauf. Papst Paul VI. sagte einmal: "Das Gebet Jesu war die Seele seines messianischen Wirkens." Das Gebet muß auch Euer Wirken beseelen, das ja Teilhabe an Jesu messianischem Wirken ist. Sonst wird es fruchtloses Getue.
Liebe Brüder, haltet die Christusfreundschaft, die der Herr Euch heute schenkt, heilig und lebt treu in der ungeteilten Liebe zum Herrn! Das gibt Eurem Leben Profil und Eurem Wirken Fruchtbarkeit.

Christus und die Kirche lieben

Ihr werdet am Fest der Apostel Petrus und Paulus zu Priestern geweiht. Diese beiden Apostel lehren Euch durch ihr Vorbild die Treue zu Christus bis in den Tod. Lernt von diesen beiden, Christus und seine Kirche glühend zu lieben. Lernt von ihnen, nicht wehleidig auf Euch selbst, sondern auf den Herrn und seine Sache bedacht zu sein. Auf ihn kommt es an, nicht auf uns. Für

ihn müßt Ihr die Menschen gewinnen, nicht für Euch. Sein Wort habt Ihr zu verkünden, nicht das Eure. Seinen Willen habt Ihr zu tun, nicht den Euren. Um seine Ehre müßt Ihr besorgt sein, nicht um die Eure. Es geht nicht um Eure Selbstverwirklichung, sondern um Euer selbstloses Dienen für Christus und seine Kirche. Diese Selbstlosigkeit gehört unabdingbar zu der Christusfreundschaft, in die Ihr jetzt aufgenommen werdet.
Und wenn einer einmal meint, das Euch heute auferlegte Amt nicht mehr tragen zu können, soll er wiederum auf Petrus schauen. Ihr kennt alle die Legende, welche erzählt, der heilige Petrus habe sich dem Auftrag des Herrn entziehen und Rom verlassen wollen. Draußen, vor den Toren der Stadt, an der Via Appia sei ihm der Herr begegnet und Petrus habe ihn gefragt: "Domine, quo vadis?" Herr, wohin gehst du? Und der Herr habe ihm geantwortet: "Nach Rom, um mich noch einmal kreuzigen zu lassen." Petrus kehrte um, zurück in die Stadt, und starb für den Herrn am Kreuz, kopfunter. Lernt von Petrus, Jesus zu lieben bis in den Tod! *"Herr, du weißt alles; du weißt, daß ich dich liebhabe"* (Joh 21, 17).

In die vollendete Freude Gottes

"Und was ist mit uns?" werdet Ihr fragen. Welche Chancen haben wir? Alle, die einen Dienst übernehmen, erkundigen sich nach ihren Aufstiegschancen, auch bei kirchlichen Berufen. Wo sind Eure Aufstiegschancen? Sie reichen hinauf bis in den Himmel, in die Freude des Herrn, der Euch erwählt und berufen hat. Lebt und arbeitet darum als treue Priester, als Freunde Christi, nicht auf Euch, sondern mit ungeteiltem Herzen auf die Sache des Herrn bedacht! Dann werdet Ihr Eure Aufstiegschancen nicht verfehlen, sondern in die vollendete Freude finden am Herzen Gottes.

Priesterweihe, 30.6.1984 im Mariendom zu Freising

In der Nachfolge des Guten Hirten

Zwei junge Männer, Söhne des heiligen Franziskus, werden nun zu Priestern geweiht. Jesus nimmt sie in seinen Dienst, in den Dienst des Guten Hirten.

Hingabe für uns

Schon beim Propheten Ezechiel stellt Gott seine Sorge um den Menschen im Bild des Hirten dar: *"Jetzt will ich meine Schafe selber suchen und mich selber um sie kümmern. Wie ein Hirt sich um die Tiere seiner Herde kümmert"* (Ez 34,11f.).
Wie Gott diesen Plan verwirklicht, sehen wir an Jesus. *"Ich bin der gute Hirt"* (Joh 10,11.14). In ihm ist Gott selbst zu uns gekommen. Er geht uns nach und sucht uns, wie der Hirt dem verlorenen Schäflein nachgeht (Lk 15,4-6).
Wie es ihm dabei ergeht, sagt uns das heutige Evangelium: Seine Sorge um uns kostet ihm das Leben. *"Der gute Hirt gibt sein Leben hin für die Schafe"* (Joh 10,11). Er verhält sich nicht wie ein Mietling, der das Weite sucht und sich in Sicherheit bringt, sobald eine Gefahr naht. Er setzt vielmehr sein Leben für uns ein. Das ist Ausdruck seiner Liebe, die bis zum letzten geht. *"Es gibt keine größere Liebe, als wenn einer sein Leben für seine Freunde hingibt"* (Joh 15,13).
Und wozu dieser Einsatz? *"Damit sie das Leben haben und es in Fülle haben"* (Joh 10,10). Dieses Leben besteht darin, daß wir aufgenommen werden in die Gemeinschaft, in der Jesus mit dem Vater lebt. Das ist Teilhabe an der Lebensfülle Gottes. Darum geht es Jesus, dem Guten Hirten. Das Ziel ist so groß, daß sich der Einsatz, die Lebenshingabe, lohnt.

An Christi Statt

Durch die Priesterweihe werden unsere beiden Brüder in diesen Dienst des Guten Hirten hineingenommen.

Jesus ist und bleibt der alleinige Gute Hirt. Zweimal hörten wir ihn im Evangelium diesen Anspruch erheben: *"Ich bin der gute Hirt"* (Joh 10,11.14). Aber um diese seine Hirtenaufgabe zu erfüllen, stellt er Menschen in seinen Dienst.
Das geschieht jetzt mit Euch in der Priesterweihe. Jesus bedient sich Euer, um durch Euch zu wirken. Und Ihr handelt in Eurem priesterlichen Tun *"an Christi Statt"* (2 Kor 5,20), in persona Christi, wie das Konzil lehrt. Das bedeutet nicht, Ihr könntet Christus ersetzen. Christus ist unersetzbar. Aber er bedient sich Euer, um durch Euch zu handeln. Jesus bedient sich Euer nicht, wie man sich eines Automaten, eines seelenlosen Apparats bedient. Er bedient sich Euer als Personen, die transparent sind für ihn, den Guten Hirten. Durch Euch will er menschlich auf die Menschen zugehen. An Euch sollen die Menschen ablesen und spüren können, was er, der Gute Hirte, an ihnen wirkt. Dieser Dienst nimmt Euch ganz in Anspruch.

Zur Ikone werden

Das Vorbild Eures Ordensvaters Franziskus zeigt Euch, worauf es dabei ankommt. Franziskus war ganz durchsichtig auf Jesus hin, so daß seine Zeitgenossen sagten, in ihm könne man Jesus sehen. Sie sahen in ihm eine Ikone des Herrn. Franziskus war selbst kein Priester. Aber er hat Euch vorgelebt, wie Ihr leben müßt, daß Ihr Euren priesterlichen Dienst glaubwürdig verrichtet.
In einem Brief an den gesamten Orden spricht er eigens seine Brüder Priester an und schärft ihnen ein, "einzig ihm, dem höchsten Herrn, zu gefallen. ... Seht eure Würde, ihr Brüder Priester, und seid heilig, weil er selbst heilig ist." Und dann ermahnt er sie, demütig zu sein. Man könnte auch sagen, sie sollen sich klein machen, damit Jesus ganz groß herauskommt. Das bedeutet: Was Jesus jetzt in der Priesterweihe aus Euch

macht, sollt Ihr auch leben. Es soll deutlich werden, daß er wirkt und Ihr nur seine Diener seid.
Ihr sollt im Einsatz Jesu, des Guten Hirten leben; für die Menschen da sein, wie Jesus für sie da war. Sorgt darum nicht für Euch selbst! Diese Sorge könnt Ihr getrost dem Herrn überlassen. Sorgt Euch um die Menschen, die Euch anvertraut werden. Was Jesus von seinen Zeitgenossen feststellte, gilt auch heute: *"[Er hatte] Mitleid mit ihnen; denn sie waren wie Schafe, die keinen Hirten haben"* (Mk 6,34).

Mit den Menschen gehen

Ihr sollt sie auf den rechten Weg führen; Eure Aufgabe ist es, ihnen die Wege des Lebens zu zeigen, indem Ihr sie die Nachfolge Jesu lehrt. Ihr sollt ihnen das nicht nur mit schönen Worten sagen, sondern mit ihnen gehen; ihnen vorausgehen, wie der Hirt seiner Herde vorausgeht, damit sie nicht auf Irrwege geraten.
Durch Euch will Jesus mit den Menschen gehen, wie er mit den Emmausjüngern gegangen ist. Durch Euren Dienst sollen den Menschen die Augen aufgehen, daß sie Jesus erkennen, wie ihn die zwei Emmausjünger beim Brechen des Brotes erkannt haben. Und wenn Ihr ihnen den Sinn der Schrift erschließt und die Großtaten Gottes verkündet, soll ihnen das Herz zu brennen beginnen, wie es bei den Emmausjüngern brannte.
Welch herrlicher Dienst wird Euch heute anvertraut! Durch Euch greift Jesus nach den Menschen, um sie mit sich zum Vater zu führen. Dort sollen sie eingehen in die selige Gemeinschaft, in der Jesus mit dem Vater und dem Heiligen Geist lebt. Sie sollen teilhaben am Austausch der Liebe, in dem Vater, Sohn und Heiliger Geist einander beglücken.

Seine Hand auf euch

Diesen Dienst, in dem Gott nach den Menschen greift, könnt Ihr nur verrichten, wenn Ihr Euch selbst von ihm ergreifen laßt und von ihm ergriffen lebt. Jesus greift jetzt nach Euch, auf neue Weise. Er legt seine Hand auf Euch und Euer ganzes Leben. Dies wird nachher sichtbar in der Auflegung meiner Hände. Er greift nicht mit leerer Hand nach Euch. Er schenkt Euch seinen Geist, den Geist des Guten Hirten. In seiner Kraft könnt Ihr den priesterlichen Dienst leisten, mit dem Ihr in dieser Stunde betraut werdet, daß sich durch Euch Gottes rettende Liebe leuchtend und erwärmend in die Herzen der Menschen ergießt.

Priesterweihe bei den Franziskanern,
24.4.1994 in St. Anna, München

Sich von Gottes leidenschaftlicher Liebe anstecken lassen

Durch Handauflegung und Gebet werden nun diese elf Weihekandidaten zu Priestern geweiht. Seit den Tagen der Apostel bedeutet diese Handauflegung Sendung mit Vollmacht und Mitteilung des Heiligen Geistes. Auch im Weihegebet werden wir den himmlischen Vater anrufen und ihn bitten, daß er in diesen Weihekandidaten den Geist der Heiligkeit erneuere. Sie haben ja den Geist Gottes schon empfangen bei der Taufe und bei der Firmung. Aber heute empfangen sie ihn aufs neue, noch einmal in einer besonderen Weise.

Gabe und Tat der Liebe Gottes

Priesterweihe heißt Mitteilung des Geistes Gottes. Gott selbst legt seinen Geist und damit die Glut seiner Liebe in ihre Herzen. Priesterweihe ist also eine Tat der Liebe Gottes, und zwar die Tat seiner leidenschaftlichen Liebe. Gott ist ein leidenschaftlich Liebender. Er ist ja Liebe, das ist sein Wesen. Aber er liebt nicht nur sich selbst, er liebt uns alle, und zwar bis zum Äußersten. Seinen Sohn hat er für uns dahingegeben. Mehr kann er nicht tun. Im durchstochenen Herz seines Sohnes hat er sein Gottesherz geöffnet, um aus ihm die Ströme seiner Liebe auf uns alle herabfließen zu lassen und um uns alle hineinzuholen in die Gemeinschaft seines göttlichen Lebens. Um diesen Plan durchzuführen, erwählt Gott Menschen, macht sie zu Priestern, sendet sie in seinem Namen hinaus und legt ihnen zur Erfüllung dieses großen Auftrages seinen Geist, seine Liebe ins Herz.
Liebe Weihekandidaten, als Euch vorhin der Herr Regens namentlich aufrief, habt Ihr geantwortet: "Ich bin bereit." Ihr habt Euch damit bereit erklärt, die Priesterweihe zu empfangen mit allem, was dazugehört. Und ich werde Euch nachher noch einmal fragen, ob Ihr be-

reit seid, auch die verschiedenen Aufgaben des priesterlichen Dienstes gewissenhaft zu erfüllen. Auch da werdet Ihr antworten: Ich bin bereit. Zu dieser Bereitschaft gehört es auch, die Gabe des Geistes Gottes anzunehmen, den Euch Gott zugedacht hat für Euer Amt; und das heißt, Euch entzünden zu lassen von der leidenschaftlichen Liebe zu Gott, um aus dieser Liebe heraus Euren Dienst zu tun. Das ist etwas sehr Hohes. Manche meinen vielleicht, das sei zu verstiegen. Priestertum ist nicht möglich von uns Menschen her, aber es ist möglich von Gott her. Daß Ihr heute zu Priestern bestellt werdet, ist nur möglich, weil Gott ist, was er ist und weil er das an Euch tut, was er tut. Es geht dabei um nichts Geringeres als um die Glut seiner Liebe, um seine leidenschaftliche Liebe, daß Ihr sie annehmt und weitertragt. Charles de Foucauld sagte einmal: "Als ich erkannte, daß es einen Gott gibt, da begriff ich, daß ich nicht mehr anders handeln kann, als ganz für ihn zu leben." Das wird von Euch jetzt auch erwartet: ganz für Gott zu leben. Und ein andermal sagte Charles de Foucauld: "Allein Gott verdient es, mit ganzer Leidenschaft geliebt zu werden." Wenn dieser Mann von Leidenschaft sprach, dann wußte er, was er sagte, denn vor seiner Bekehrung war er von einer anderen Leidenschaft getrieben, die ihn auf Irrwege führte.

Nicht Kirchenfunktionäre, sondern glühende Boten des liebenden Gottes

Meine lieben Weihekandidaten, nehmt diese leidenschaftliche Liebe an, die Gott Euch heute ins Herz schenkt, und vollzieht diesen Dienst, der Euch jetzt übertragen wird, aus dieser Liebe heraus! Ihr werdet beladen mit der Liebe Gottes, um sie hinauszutragen in unser Bistum. Es ist so wie bei der Brotvermehrung. Die Leute hatten Hunger, und Jesus gab ihnen Brote. Es waren wenige, unter ihren Händen haben sie sich vermehrt, und alle wurden satt. So legt auch Gott Euch seine Liebe in Euer Herz und in Eure Hände, daß Ihr von ihr beladen hinausgeht und sie austeilt und die Menschen davon leben können, von Gottes Liebe leben können, und zwar ewig leben können. Deshalb werdet Ihr nicht zu Kirchenfunktionären bestellt, die sich ein verbürgerlichtes Leben leisten können. Boten sollt Ihr sein, die glühen! Durch Euer ganzes Leben muß das aufleuchten, was Gott Euch anvertraut hat. Ich möchte noch einmal Charles de Foucauld nennen, der sagte: "Mit meinem ganzen Leben will ich das Evangelium hinausschreien."

Diese Botschaft von Gottes Liebe braucht unsere Welt. Sie ist das Allerwichtigste, was unsere Welt heute braucht. Ihr wißt selbst, daß viele Menschen in unserer Gesellschaft sich in ihrem Leben so einrichten, als ob es Gott nicht gäbe. In vielen Familien ist das Gebet verstummt. Da kommt Gott überhaupt nicht mehr vor. Brüder und Schwestern, ohne Gott zu leben, das ist das Gefährlichste für den Menschen. Denn wie kann man leben ohne den, der das Leben ist? Liebe Weihekandidaten, Ihr werdet heute gesandt, den lebendigen Gott zu den Menschen zu bringen, der sie alle in Liebe umfangen und an sich ziehen will, damit sie leben, das Leben in Fülle haben, sein Leben, das ewiges Leben ist. Das ist Euer Auftrag, ein hohes Ideal. Aber in dieses Ideal müßt Ihr Tag für Tag mehr hineinwachsen und hineinreifen, um von da her Euer Tagewerk zu vollbringen bis hinein in die Kleinigkeiten und Nebensächlichkeiten des Alltags. Es ist die Frage, ob es überhaupt solche Nebensächlichkeiten gibt. Wahrscheinlich haben die meisten schon erfahren, wie ein kurzes Wort, so nebensächlich dahingesagt, verwunden und schmerzen kann. Und wahrscheinlich haben wir auch schon alle erfahren, wie so ein nebensächlich hingeworfenes Wort Hoffnung schenken kann, stärkt, ein Licht entzündet, das einem zum Leben hilft.

Gestärkt im "Geheimnis des Kreuzes"

Meine lieben Brüder, Ihr werdet auch an Eure Grenzen stoßen. Ihr werdet Schwäche erfahren, ja sogar Ohnmacht. Ihr braucht davor nicht zu erschrecken, das ist alles mitinbegriffen in der Nachfolge Jesu, in die Ihr gerufen seid. Ich werde nachher bei der Überreichung der Opfergaben zu einem jeden von Euch sagen: "Stelle Dein Leben unter das Geheimnis des Kreuzes!" Schaut in solchen Stunden auf Jesus, wie es ihm ergangen ist. Es war nicht immer so, daß die Menschen in Scharen zu ihm kamen. Sie liefen ihm auch davon. Andere feindeten ihn an. Ja, er wurde am Schluß angefeindet bis in den Tod. Und Jesus hat Ohnmacht erfahren, eine so tiefe Ohnmacht, wie Ihr sie nie erfahren werdet: die Ohnmacht des Todes am Kreuz. Aber genau in dieser Stunde seiner tödlichen Ohnmacht hat seine Liebe alle erreicht; denn in dieser Stunde am Kreuz hat er die ganze Welt erlöst, allen das Tor zum Leben geöffnet. Wenn Ihr Euren priesterlichen Dienst aus der Kraft des Geistes erfüllt, der Euch jetzt geschenkt wird, aus jener leidenschaftlichen Liebe zu Gott, die Euch jetzt in der Weihe zuteil wird, dann werdet Ihr an diesen Schwierigkeiten nicht zerbrechen; ja im Gegenteil, Ihr werdet gestärkt aus ihnen herausgehen. Ihr wißt doch, daß der heilige Paulus von sich und seinem apostolischen Dienst bezeugt: Die Gnade kommt in der Schwachheit zur Vollendung - nicht in unserem Können, nicht in unseren großen Worten, nicht in unseren glänzenden Taten. Er sagt: *"Wenn ich schwach bin, dann bin ich stark"* (2 Kor 12,10). Das sagt Gott auch Euch für Euren Dienst zu, liebe Brüder.

Getragen in der "sakramentalen Bruderschaft" des Presbyteriums

Liebe Mitbrüder im priesterlichen Dienst, ich freue mich, daß Ihr heute wieder in großer Zahl hierhergekommen seid, um mit mir unseren Weihekandidaten die

Hände aufzulegen und gemeinsam mit mir Gottes Geist auf sie herabzurufen. Diese jungen Mitbrüder sind uns anvertraut. Mit Freude nehmen wir sie auf in die Gemeinschaft des Presbyteriums unserer Erzdiözese. Helft ihnen auch, daß sie sich bei uns wohlfühlen und daß sie sich immer getragen wissen von dieser "sakramentalen Bruderschaft", wie das Konzil das Presbyterium eines Bistums nennt. Wir wollen aber auch, indem wir mitwirken an der Weihe neuer Mitbrüder, uns selbst erneuern in unserer eigenen Weihegnade. Die meisten von uns begehen ja in diesen Tagen den Jahrestag ihrer Priesterweihe, und die allermeisten sind hier im Freisinger Dom geweiht worden. Paulus schrieb an seinen Schüler Timotheus: *"Entfache die Gnade Gottes wieder, die dir durch die Auflegung meiner Hände zuteil geworden ist"* (2 Tim 1,6). Liebe Mitbrüder im priesterlichen Dienst, lassen wir heute diese Gnadengabe, die uns damals bei der Weihe ins Herz gelegt wurde, wieder neu aufflammen, so wie eine Glut wieder entflammt wird zu neuem Feuer, damit wir unseren Dienst tun aus der leidenschaftlichen Liebe zu Gott und dadurch glaubwürdige Boten unseres Herrn und seines Evangeliums sind!

Meine lieben Weihekandidaten, Ihr habt eben im Evangelium gehört, wie der Herr den Petrus zum Hirten seiner Kirche bestellt hat (Joh 21,15-17): Aber er hat ihn vorher gefragt: *"Simon, Sohn des Johannes, liebst du mich?"* Er hat ihn nicht nur einmal gefragt, er hat ihn dreimal gefragt; denn hier geht es um das Ganze, auch um das ganze Herz. Darum geht es jetzt auch bei Euch in dieser Weihe. Sagt wie Petrus dem Herrn: *"Herr, du weißt alles; du weißt, daß ich dich liebhabe"* und daß ich bereit bin, mich von deiner leidenschaftlichen Liebe anstecken zu lassen, um mit ihr beladen hinauszugehen und in deinem Namen meinen Dienst zu tun und die Menschen mit deiner Liebe zu beschenken. Gibt es einen schöneren Auftrag als den Dienst, der Euch jetzt übertragen wird? Geht mit Zuversicht den Weg, den der Herr Euch führt, ja, geht ihn mit Freude! Ihr habt allen Grund dazu, denn Jesus Christus ist immer bei Euch, und sein Geist ist immer in Euch.

Priesterweihe, 30.6.1990 im Mariendom zu Freising

Boten der erlösenden Liebe

Wir erleben jetzt etwas ganz Großes. Es ist so groß, daß es niemand von uns wirken kann. Was jetzt in der Priesterweihe geschicht, kann nur Jesus tun. Er erwählt einen aus unserer Mitte und bestellt ihn zum Boten seiner erlösenden Liebe.

Anteil an der Sendung Jesu Christi

Was Jesus jetzt an unserem Bruder wirkt, gründet in seiner eigenen Sendung. Im Evangelium haben wir gehört, wie er seine Sendung beschreibt: Der Vater hat ihn mit dem Heiligen Geist gesalbt und gesandt, den Armen die Frohe Botschaft zu bringen; die Gefangenen werden entlassen, die Blinden dürfen sehen, die Zerschlagenen werden befreit; denn mit seinem Kommen bricht die Zeit der Gnade an (Lk 4,18f.). Jesus bringt vom Vater Gottes heilendes und erlösendes Erbarmen auf diese Erde. In ihm wird Gottes Liebe zu uns, zu einem jeden von uns, sichtbar und greifbar und erfahrbar.

Seine Liebe besteht nicht in schönen Worten, sondern zeigt sich in dem, was Jesus tut. Einen anmutigen Menschen zu lieben, ist keine Kunst. Aber einen zu lieben, der einiges auf dem Kerbholz hat und mit Schuld beladen ist, fällt schwer. Wir fühlen uns von ihm eher abgestoßen und wenden uns lieber von ihm ab. Jesus aber tut das Gegenteil. Er ist nicht entsetzt über unsere Schwäche, er macht nicht halt vor unserer Schuld, er wendet sich nicht von uns Sündern ab, sondern gibt sich hin in den Tod am Kreuz, um unsere Sündenschuld hinwegzulieben. Diese Liebe Gottes, die Jesus verkörpert und uns überbringt, haben wir vorgestern am Herz-Jesu-Fest gefeiert. Mit einer Lanze wird das Herz des Herrn durchstochen; sein Innerstes steht uns offen, Gottes Herz steht uns offen, und aus seinem Herzen fließt uns das Kostbarste zu, was er zu verschenken hat: seine Liebe und in seiner Liebe er selbst. Auch wir Menschen haben nichts Kostbareres zu verschenken als unsere Liebe und in ihr uns selbst. Das tut Gott an uns, indem er seinen Sohn sendet und ihn am Kreuz dahingibt, um uns aus Schuld und Sünde herauszuholen, uns zu sich emporzuziehen und uns mit sich selbst glücklich zu machen.

Dazu ist Jesus vom Vater gesandt. An dieser seiner eigenen Sendung gibt der Herr in der Priesterweihe heute unserem Bruder Anteil. Als Mitarbeiter des Herrn soll er die Liebe des Erlösers den Menschen austeilen.

Dienst der Versöhnung

Diese Liebe ist es, die wir Menschen brauchen, die Liebe, die heilt und Schuld tilgt und versöhnt. Die tiefste Not des Menschen ist seine Sünde, die Schuld vor Gott. Das ist so, auch wenn es weithin vergessen ist. Die einen scheinen blind für eigene Schuld zu sein und nicht mehr zu wissen, daß es Sünde gibt; andere verdrängen ihre Schuld; wieder andere suchen Hilfe - ob an der rechten Adresse, ist eine weitere Frage. Es gibt heute viele Menschen, ganze Berufszweige, die den Menschen in ihren Problemen und Nöten helfen wie Psychologen, Ärzte, Fürsorger, Eheberater, Sozialarbeiter. Es ist gut, daß es so viele helfende Menschen gibt. Aber die tiefste Not des Menschen, seine Schuld vor Gott, können sie nicht beheben. Das kann nur Gott selbst tun. Nur er kann die Sünde von uns nehmen. Er tut es durch den Dienst der Versöhnung, mit dem er seine Kirche und in ihr den Priester betraut. Diener der Versöhnung soll unser Mitbruder fortan sein. Gottes erlösende Liebe soll er den Menschen überbringen, ihre tiefsten Wunden heilen, sie mit Gott versöhnen und dadurch glücklich machen. Denn das Glück, nach dem wir uns alle sehnen, finden wir durch die Versöhnung in der Gemeinschaft mit Gott. Wie der Vater den verlorenen

Sohn in die Arme schließt und aufnimmt, so schließt der sich unser erbarmende Gott durch den Dienst der Kirche uns in die Arme. Zum Diener der Versöhnung, zum Diener der Freude und des Glückes wird unser Bruder nun durch die Weihe bestellt.

Unter dem Geheimnis des Kreuzes

Lieber Bruder, gebe Gott, daß durch Deinen priesterlichen Dienst viele Menschen mit Gott versöhnt und glücklich werden. Automatisch stellt sich das nicht ein; denn Du wirst nicht zum Automaten, sondern zum Mitarbeiter des Herrn bestellt. Du mußt mit Jesus zusammenarbeiten. Du mußt also ständig auf Jesus schauen, Dich an seinem Erlöserwirken orientieren und Dein Tun mit seinem Tun verbinden. Da sein Erlöserwirken im Kreuz aufgipfelt, muß das Kreuz des Herrn auch die Mitte Deines priesterlichen Lebens und Wirkens sein. Wenn ich Dir nachher die Gaben für das heilige Opfer überreiche, werde ich zu Dir sagen: "Stelle Dein Leben unter das Geheimnis des Kreuzes!" Dein Ordensmitbruder, der selige Pater Kaspar Stanggassinger, hat dasselbe in seinen Exerzitienaufzeichnungen mit seinen Worten niedergeschrieben. Dort schreibt er, an die eigene Adresse gerichtet: "Halte nichts höher, als mit dem armen, verachteten und verfolgten und leidenden Jesus zu leben." Das hat seinen tiefen Grund: Wer mit Jesus arbeitet, muß auch mit ihm leben. Die Arbeitsgemeinschaft mit ihm gründet in der Lebensgemeinschaft mit ihm. Wenn Du mit dem Erlöser lebst, wirst Du selbst mit seiner erlösenden Liebe beschenkt. Mit der süßen Last seiner Liebe beladen wirst Du zu den Menschen gesandt, daß sie ihnen durch Dich zuteil werde. An der Weise, wie Du ihnen begegnest und Deinen Dienst verrichtest, sollen sie erkennen und spüren, wie sehr Gott sie liebt.

Der heilige Paulus schreibt den Thessalonichern, er sei ihnen freundlich wie eine sorgende Mutter und wie ein guter Vater begegnet (1 Thess 2,7-12). Begegne auch Du so den Menschen, damit sie durch Deinen priesterlichen Dienst der Liebe Gottes begegnen! Und lebe in unlösbarer Gemeinschaft mit Jesus - bei ihm ist überreiche Erlösung -, auf daß Du sein Mitarbeiter sein und seine erlösende Liebe zu den Menschen tragen kannst!

Priesterweihe, 9.6.1991 in der
Klosterkirche in Gars am Inn

Christus zu den Menschen bringen

Maria eilt über das Gebirge. Unter ihrem Herzen trägt sie den Gottessohn, den Heiland der Welt, zu Elisabeth. Als sie ankommt, hüpft Johannes, noch nicht geboren, im Schoß seiner Mutter vor Freude auf. Elisabeth wird vom Heiligen Geist erfüllt und preist Maria ob ihres Glaubens selig. Maria aber stimmt das Magnifikat an und jubelt über Gott, der uns das Heil schenkt. Das haben wir soeben im Evangelium (Lk 1,39-56) gehört. Hat uns das etwas zur Priesterweihe zu sagen?

Jesus Christus zu den Menschen tragen

Maria hat Jesus zu Elisabeth und Johannes getragen. Ihr, liebe Brüder, werdet jetzt ebenfalls ausgesandt, Jesus Christus zu den Menschen zu tragen. Ihr werdet nicht geweiht, alles Mögliche zu tun, daß der Betrieb läuft und in der Pfarrei etwas los ist. Ihr schuldet den Menschen nichts weniger als Jesus Christus. Tragt Jesus zu den Menschen, in seinem Wort, das Ihr verkündet, in den Geheimnissen des Glaubens, die Ihr mit den Gläubigen feiert, durch die Anleitung zur Nachfolge Jesu in einem christlichen Leben und durch das Vorbild Eurer eigenen Lebensführung. Darauf kommt alles an. Daran wird all Euer Tun gemessen.

Wie macht Ihr das? In der Haltung Mariens, das heißt in der Haltung eines tiefen Glaubens, der nichts von sich, aber alles von Gott erwartet. *"Ich bin die Magd des Herrn; mir geschehe, wie du es gesagt hast"* (Lk 1,38). Mit diesem Wort hat Maria alle Verfügungsgewalt über sich in Gottes Hand gelegt. Nicht ihre Pläne und Erwartungen sind fortan für sie maßgebend, sondern nur noch, was Gott will. Maria ist die "Magd des Herrn". Ihr werdet jetzt seine Knechte. "Knecht Jesu Christi" war für den Apostel Paulus höchster Ehrentitel. Stellt darum nie Ansprüche für Euch selbst, sondern stellt Euch dem Anspruch Gottes, der Euch in seinen

Dienst nimmt, in einen Dienst, den man nur mit ungeteiltem Herzen verrichten kann. Ich frage Euch nachher, ob Ihr bereit seid, das Priesteramt zu übernehmen, ob Ihr bereit seid, "Knechte Jesu Christi" zu werden. Ihr werdet antworten: "Ich bin bereit." Es genügt nicht, nur heute bereit zu sein. Diese Bereitschaft muß jeden Tag in Euch lebendig bleiben. Denn nur so könnt Ihr Jesus Christus zu den Menschen tragen.

Wirken in der Kraft des Heiligen Geistes

So unabdingbar diese Haltung ist, das Entscheidende tut ein anderer. Ihr könnt nicht aus eigener Kraft und in eigener Vollmacht Jesus zu den Menschen tragen. Auch Maria konnte es nicht aus eigener Kraft. Der Geist Gottes hat sie überschattet. Er hat in ihr das Wunder der Menschwerdung gewirkt. Nur in seiner Kraft konnte sie als Mutter der Welt den Heiland schenken. So ist das auch beim priesterlichen Dienst. Gottes Geist wirkt in Euch und durch Euch die Wunder der Gnade. Darum wird Euch jetzt bei der Weihe der Heilige Geist geschenkt. In der Weihepräfation erbitte ich von Gott für Euch den Geist der Heiligkeit. Und durch die Salbung Eurer Hände wird sinnenfällig dargestellt, daß Ihr durch Gebet und Handauflegung Heiligen Geist empfangen habt. Ihr müßt ihn aber auch wirken lassen, wie Maria ihn hat wirken lassen. Der selige Pater Kaspar Stanggassinger kann Euch dabei ein Vorbild sein. Er hat elf Jahre hier auf dem Freisinger Domberg gelebt. Schon während seiner Schuljahre hat er täglich zum Heiligen Geist gebetet. In der Oberklasse des Gymnasiums meditierte er zehn Wochen lang die Pfingstsequenz: Veni Creator Spiritus. - Komm, Schöpfer Geist! Gottes Geist macht möglich, was uns unmöglich ist.

Auf den Weg der Kreuzesnachfolge berufen

In seiner Kraft könnt Ihr alles Schwere meistern, das auf Euch zukommen wird. Der Weg, den Ihr heute be-

schreitet, ist kein bequemer Weg. Es ist gut, Euch das ins Bewußtsein zu rufen, zumal wir in einer Gesellschaft leben, die die leichten, bequemen Wege liebt. Auch wir Priester stehen in der Gefahr, nicht den Weg der Kreuzesnachfolge, sondern den bequemen Weg zu gehen. Das ist nicht der Weg, den Gottes Geist Euch führt. Er führt Euch in der Nachfolge Jesu auch in schwere Stunden, er gibt Euch aber auch die Kraft zum Durchstehen. Ein Priester aus dem Osten schrieb mir anläßlich seines Goldenen Priesterjubiläums: "Es waren schwere, aber auch schöne Jahre. Und wenn ich dreizehn Jahre und drei Monate Christus, dem Herrn, auf dem Kreuzweg der Verfolgung nachfolgen durfte, das waren die schönsten und erfolgreichsten. Für diese besondere Gnade und Auserwählung möchte ich ihm besonders danken. Sie haben die Lebenserfahrung vertieft und erweitert. Sie haben ein solches Verständnis, Ausdauer und Kraft gebracht, daß einem in der Liebe Christi alles möglich war."
Ich wünsche Euch, daß auch Ihr nach vielen Jahren einmal so froh und dankbar zurückschauen könnt auf Euer priesterliches Leben und Wirken, das heute seinen Anfang nimmt.
Liebe Brüder, bleibt dem Herrn treu und der Gnade der Priesterweihe, die er Euch jetzt schenkt! Seid allezeit darauf bedacht, in der Haltung Mariens, erfüllt und getrieben vom Heiligen Geist, als geistliche Väter in der Kirche den Dienst der Apostel weiterzuführen und Jesus Christus zu den Menschen zu bringen! Dann werdet Ihr am Ende Eures Lebens mit der Gottesmutter das Magnifikat singen können, nicht nur für einen Tag, sondern für die Ewigkeit: *"Meine Seele preist die Größe des Herrn, und mein Geist jubelt über Gott, meinen Retter ... Denn der Mächtige hat Großes an mir getan, und sein Name ist heilig"* (Lk 1,46-49).

Priesterweihe, am 2.7.1988 im Mariendom zu Freising

Das Gesetz der Ganzheit im Geheimnis des Kreuzes

Ganz auf Christus hingeordnet

Die meisten von uns kennen den Isenheimer Altar von Matthias Grünewald mit dem berühmten Bild Johannes' des Täufers. Mit weitausholendem Gestus weist Johannes von sich weg auf ihn, den er ankündigt. Der Künstler hat dargestellt, was er im Evangelium gelesen hatte: Johannes steht am Ufer des Jordan und weist auf den kommenden Messias hin: *"Seht das Lamm Gottes, das hinwegnimmt die Sünde der Welt"* (Joh 1,29). - Dieses Bild stellt nicht eine Episode im Leben des Täufers dar. Es faßt sein ganzes Leben zusammen, es ist Ausdruck dessen, was er ist: Er ist so auf Christus hingeordnet, daß dieser sein Lebensinhalt ist. Ohne Christus wäre sein Leben leer, er selbst uninteressant und belanglos. Das Bild zeigt, worin seine Lebensaufgabe besteht: Menschen zu Christus zu führen.

Dieses Bild zeigt uns aber auch, was Lebensinhalt und Lebensaufgabe unseres Weihekandidaten sind: Sein Lebensinhalt ist Jesus Christus, insbesondere die Sendung, mit der Jesus vom Vater in die Welt gesandt wurde, um uns Menschen das Heil zu bringen. Seine Lebensaufgabe ist es, Menschen zu Christus zu führen. Das ist der wertvollste Dienst, der Menschen geleistet werden kann. Denn in der Gemeinschaft mit Christus finden wir das Heil und die höchste Erfüllung unseres Menschseins: Glück, Friede, Freude, ewiges Leben.

Steht die priesterliche Sendung nicht noch über der des Täufers? Johannes hatte in einer ganz bestimmten Stunde der Heilsgeschichte eine einmalige Aufgabe: die Ankunft des Messias auszurufen, das Volk Israel auf ihn hinzuweisen und ihm die Wege zu bereiten.

"Christus lebt in mir"

Lieber Bruder! Was Dir jetzt in der Weihe übertragen wird, ist mehr. Gewiß hast auch Du Vorläuferaufgaben zu erfüllen. Auch Du mußt wie Johannes dem Herrn die Wege bereiten. Aber das ist nicht das Letzte. Der Herr kommt nicht erst nach Dir, er kommt auch mit Dir. Er kommt durch Deinen Dienst zu den Menschen. Der Täufer mußte noch seine leere Hand ausstrecken und auf den nach ihm Kommenden hinweisen: "Seht das Lamm Gottes." Wenn Du diese Worte sprichst, ist Deine Hand nicht leer. Du hältst das Lamm Gottes in Deiner Hand und reichst es dar. Er selbst ist da und kommt mit Dir und durch Dich zu den Menschen.

Das ist so, weil der Herr Dir Anteil an seinem Priestertum gibt, an der großen Aufgabe, mit der ihn der Vater in die Welt gesandt hat. Dir wird jetzt nicht nur diese oder jene priesterliche Funktion übertragen. Was mit Dir geschieht, geht tiefer. Christus gibt Dir so Anteil an seinem Priestertum, daß Du selbst Priester bist. Christi Priestertum ist von heute an auch Dein Priestertum.

Lieber Bruder, sei, was Du heute wirst, ganz! Sei ein ganzer Priester. Noch wichtiger als die Anzahl der Priester ist, daß sie es ganz sind. "Ein Ganzer ist mehr als zwanzig Halbe", sagt Adrienne von Speyr.

Diese Ganzheit lehrt Dich Dein Namenspatron, der heilige Paulus. Im Brief an die Galater schreibt er: *"Ich bin mit Christus gekreuzigt worden; nicht mehr ich lebe, sondern Christus lebt in mir"* (Gal 2,19f.). Christus soll Dich so erfüllen und Dein Leben so prägen, daß die Menschen, die Dir begegnen, dem Herrn begegnen. Die Menschen, die dem Heiland begegneten, spürten: Er liebt uns; von ihm geht eine Kraft aus, die uns heilt; seine Botschaft macht unser Leben hell und froh. Die Menschen, die Dir begegnen, sollen dasselbe spüren: Jesus liebt uns, Gott liebt uns; von ihm geht Kraft aus, welche die Wunden unseres Herzens heilt; sein Wort macht unser Leben licht und unsere Herzen froh. Das werden sie aber nur dann spüren, wenn Christus so in Dir lebt, daß Du mit dem heiligen Paulus sagen kannst: "Nicht mehr ich lebe, sondern Christus lebt in mir."

Nichts der Liebe Christi vorziehen

Diese Ganzheit lehrt Dich Dein Ordensvater Benedikt. In der Regel schreibt er Euch Mönchen vor: "Nichts darf der Liebe Christi vorgezogen werden." *"Ich nenne euch nicht mehr Knechte ... Vielmehr habe ich euch Freunde genannt"* (Joh 15,15). Dieses Wort des Heilands an seine Apostel gilt auch Dir. Freund Christi bist Du. Dieser Freundesliebe darfst Du nichts vorziehen. Sie muß Dein ganzes Leben von innen her beseelen. Dasselbe lehrt Dich der heilige Benedikt auch mit der Forderung der Stabilität im Kloster. Du sollst nicht herumvagabundieren, sondern in Deinem Kloster verwurzelt sein. Das ist ein Bild für Deine Verwurzelung in Christus und seiner Kirche. Je tiefer Du in Christus verwurzelt bist, um so besser kannst Du in der Liebe des Herzens Jesu zu den Menschen gehen und ihnen diese Liebe bringen.

Hingabe im Geheimnis des Kreuzes

Die Ganzheit lehrt Dich das Kreuz, dem diese Abtei geweiht ist, der Du angehörst. Das Kreuz zeigt uns, daß Gott mit uns keine halbe Sache gemacht hat. Im Kreuz hat er seinen Sohn dahingegeben. Mehr konnte er nicht geben. Ich werde Dir nachher die Opfergaben für die heilige Messe überreichen und dabei sprechen: "Stelle dein Leben unter das Geheimnis des Kreuzes." Das Kreuz, an dem sich der Herr ganz dem Vater hingegeben hat, soll Dich und Deinen priesterlichen Dienst prägen, daß Du mit dem Apostel sagen kannst: *"Ich bin mit Christus gekreuzigt"* (Gal 2,19). *"Ich aber will mich allein des Kreuzes Jesu Christi, unseres Herrn, rühmen, durch das mir die Welt gekreuzigt ist und ich der Welt"* (Gal 6,14).

Lieber Bruder, sei ein ganzer Priester! Dann ruht die Verheißung Jesu auf Dir: die Verheißung reicher Fruchtbarkeit, der 30-, 60- und 100-fältigen Frucht, die Verheißung des übervollen Netzes, aber auch die Verheißung der Freude, in die der Herr seinen treuen Knecht aufnehmen wird.

Priesterweihe, 23.6.1984 im Kloster Scheyern

"Allein der Herr verdient es"

Das Bild über dem Altar zeigt uns ein wichtiges Ereignis, eine Gnadenstunde aus dem Leben des heiligen Ignatius von Loyola, des Gründers unseres Collegs. Auf dem Weg nach Rom hatte er in La Storta im Norden der Stadt eine Vision. Der himmlische Vater sagte zu ihm: "In Rom werde ich euch gnädig sein." Und zu Jesus sagte er: "Ich will, daß du diesen (nämlich Ignatius) zu deinem Knecht annimmst." Knecht Jesu ist ein Ehrentitel. *"Knechte Christi Jesu"* (Phil 1,1), so bezeichnen sich stolz Paulus und Timotheus, wie wir in der Lesung gehört haben.

In seinem Namen und in seiner Vollmacht

Eine solche Stunde der Gnade erleben wir auch jetzt, nicht in der Form einer Vision, wie sie Ignatius in La Storta zuteil wurde, sondern in der Gestalt eines Sakramentes, in der Gestalt der Priesterweihe. "In Rom werde ich euch gnädig sein." Der Vater ist auch unseren Weihekandidaten gnädig; durch die Gnade der Weihe gesellt er sie seinem Sohn Jesus Christus zu, und Jesus nimmt sie als seine Knechte an, so tief und so fest, daß sie fortan in seinem Namen handeln können. In seiner Vollmacht sollen sie tun, was kein Mensch tun kann, was nur Jesus tun kann. So tief werden sie mit dem Herrn verbunden, daß er durch ihren priesterlichen Dienst selbst in unserer Mitte ist und an uns die Wunder seiner Gnade wirkt.

Er geht den Weg mit

Im Evangelium von den Emmausjüngern haben wir gehört, worum es bei diesem Dienst geht. Dieses Evangelium erzählt uns nämlich nicht nur, was die beiden Jünger am Ostertag auf ihrem Weg zwischen Jerusalem und Emmaus erlebt haben; es sagt uns auch und vor allem, was wir, die Kirche, auf unserem Weg zwischen der Auferstehung Jesu und seiner Wiederkunft in Herrlichkeit erleben. Der Herr verläßt uns nicht, er ist immer bei uns. Er, der zur Rechten des Vaters sitzt, geht auch mit uns auf dem Weg durch die Zeit, in geheimnisvoller Gestalt, wie bei den Emmausjüngern. Er spricht auch zu uns und erschließt uns den Sinn dessen, was Gott an uns tut. Er lädt auch uns an seinen Tisch und bricht mit uns das Brot. Das tut er durch den Dienst des Priesters, mit dem in dieser Gnadenstunde unsere Weihekandidaten betraut werden.

Durch nichts zu ersetzen

Wenn sie in Christi Namen handeln und an dem Platz stehen, der Christus gebührt, zum Beispiel bei der Feier der Eucharistie, heißt das nicht, sie würden Christus ersetzen. Christus ist unersetzbar. Sie sind nur sichtbares Zeichen, an dem wir wahrnehmen, daß Jesus selbst da ist und handelt. Weil Jesus unersetzbar ist und durch den Dienst des Priesters handelt, ist auch der Priester unersetzbar. Wir brauchen viele Dienste in der Kirche, die alle durch ihr Zusammenstehen dem Aufbau der Kirche dienen. Und manche Dienste können auch ausgetauscht werden. Der Dienst des Priesters aber ist durch nichts zu ersetzen.

Gottes Wort im Menschenwort

Liebe Weihekandidaten, durch Euren Mund will Jesus zu den Menschen sprechen. In Eurem Menschenwort sollen sie sein Gotteswort vernehmen. Nicht Eure Ansichten sollt Ihr zum besten geben, sondern seine Worte verkünden, die Geist und Leben sind (vgl. Joh 6,63). Nicht Euch sollt Ihr verkündigen, sondern Jesus Christus, den Gekreuzigten (vgl. 1 Kor 1,23; 2 Kor 4,5). Das könnt Ihr nur, wenn Ihr selbst hörende Menschen seid, mit wachem Herzen ständig hinhört, was der Herr sagt. Im Hören auf den Herrn wird auch Euer Herz zu brennen beginnen, wie die Herzen der Emmausjünger brannten, als sie die Worte Jesu vernahmen. Dann könnt Ihr sein Wort so weitersagen, daß durch Eure Verkündigung auch die Herzen der Menschen von jenem Feuer der Liebe erfaßt werden, das aus dem Herzen Jesu hervorbricht.

Seiner teilhaft werden

In der Feier der Eucharistie bricht Jesus mit Euren Händen das Brot, wie er es in der Herberge zu Emmaus getan hat, um sich an die Menschen auszuteilen. Durch Euren priesterlichen Dienst verschenkt er sich an die Menschen. Alle sollen seiner teilhaft werden. Das geschieht nicht nur in der Eucharistie, sondern immer, wenn Ihr die Sakramente spendet, wenn Ihr tauft, Büßende von ihren Sünden lossprecht, Kranke mit dem heiligen Öl salbt. Immer geht es darum, daß Jesus sich durch Euch verschenkt. Vergeßt darum nie, was Ihr den Menschen schuldet: Jesus Christus selbst.
Ihr werdet nun hinausgesandt, beladen mit der süßen Last der Liebe Gottes, um sie unter den Menschen zu verströmen. Das ist keine Übertreibung. In der Lesung habt Ihr gehört, was Paulus den Philippern geschrieben hat: Er sehnt sich nach ihnen *"mit der herzlichen Liebe, die Christus Jesus zu euch hat"* (Phil 1,8). Er liebt sie mit der Liebe Jesu Christi. In seinem Dienst können sie spüren, wie Jesu Herz für sie schlägt. Genau das gleiche sollen die Menschen, zu denen Ihr nun gesandt werdet, bei Euch erfahren. Da seht Ihr, wie innig Euch der Vater seinem Sohn zugesellt, wie tief Jesus sich mit Euch verbindet.

Vollendung in Schwachheit

Christus zu den Menschen zu tragen, dazu wird Euch jetzt Vollmacht übertragen. Der Blick auf Jesus zeigt Euch, daß diese Vollmacht auch Schwachheit, ja Ohnmacht einschließt. Ihr werdet wie Jesus verwundbar.

Nichts ist so verwundbar wie die Liebe. Der Blick auf Jesus zeigt Euch aber auch, daß in der Schwachheit Gottes Kraft zur Vollendung kommt (vgl. 2 Kor 12,9), daß der Herr in seiner Ohnmacht am Kreuz die Welt erlöst hat und daß er durch seine Wunden uns geheilt hat (vgl. 1 Petr 2,24). Auch von Euren Verwundungen wird heilende Kraft ausgehen. Ihm zugesellt, werdet Ihr wie er auch Zeichen des Widerspruchs. *"Er kam in sein Eigentum, aber die Seinen nahmen ihn nicht auf"* (Joh 1,11).
Habt keine Angst! Der Herr ist immer bei Euch. Er geht mit Euch, wie er mit den Jüngern nach Emmaus gegangen ist. Er ist bei Euch, auch wenn Ihr ihn nicht erkennt, wie die Emmausjünger ihn nicht erkannt haben. Er ist trotzdem da. Er läßt Euch nie im Stich.

Er ist da

Heute vor 40 Jahren stand ich, wo Ihr heute steht. Und es sind noch einige Mitbrüder hier, die ebenfalls vor 40 Jahren hier zu Priestern geweiht wurden. Und eine stattliche Anzahl von Priestern, die aus unserem Kolleg hervorgegangen sind und diesen Gottesdienst mitfeiern, begehen heute den Jahrestag ihrer Priesterweihe. Wir alle bezeugen Euch, daß das so ist. Der Herr hat uns nie verlassen. Auch wir mußten Schwachheit, Ohnmacht und Verwundungen durchstehen. Aber wenn sich das Dunkel lichtete, erkannten wir: Der Herr war immer, auch in den dunklen Stunden bei uns und hat uns geführt. Wir durften immer wieder erleben, was den Emmausjüngern widerfuhr: Unser Herz begann zu brennen, und wir erkannten ihn, als er das Brot mit uns brach.
Wichtig ist nur, daß Ihr das, was Gott jetzt an Euch wirkt, lebt; nicht halbherzig, sondern mit aller Kraft, ja mit Leidenschaft. Antoine de Saint-Exupéry sagt: "Allein der Herr verdient es, mit ganzer Leidenschaft geliebt zu werden." Wenn Ihr mit solch großer Liebe

dem Herrn verbunden lebt, dann könnt Ihr ihn zu den Menschen bringen und seine Liebe unter ihnen austeilen. Dann sind wir gewiß: Gott, der in Euch das gute Werk begonnen hat, wird es auch vollenden (vgl. Phil 1,6) zum Heil der Menschen und zu seiner größeren Ehre.

Priesterweihe, 10.10.1993 in San Ignazio, Rom

Erwartungen

Was erwarten die Menschen heute vom Priester? Was erwarten Sie von den acht Männern, die jetzt zu Priestern geweiht werden?
In der Lesung hörten wir von einem Mann, der von Petrus und Johannes etwas erwartete. Er war von Geburt an gelähmt, lag am Tempeltor und erwartete von den Aposteln ein Almosen. Welch ein Glück war es für den Gelähmten, daß die Apostel ihm nicht geben konnten, was er erwartete, ihm aber dafür etwas gaben, was sein Erwarten weit übertraf. Petrus sagte zu ihm: *"Silber und Gold besitze ich nicht. Doch was ich habe, das gebe ich dir: Im Namen Jesu Christi, des Nazoräers, geh umher!"* (Apg 3,6). Petrus faßte ihn bei der Hand, und der Gelähmte sprang auf und ging umher. Was war geschehen? Durch den Dienst der Apostel war der Kranke mit Jesus in Berührung gekommen. Das hat ihn gesund gemacht, nicht nur am Leib, auch an seiner Seele. Er kam nämlich zum Glauben, zur Gemeinschaft mit Jesus, zum Heil.

In allem Jesus zu den Menschen bringen

Das ist die Aufgabe, die nun unseren Neupriestern übertragen wird: Sie sollen Jesus zu den Menschen bringen. Durch ihren Dienst sollen die Menschen mit Jesus in Berührung kommen, in Gemeinschaft mit Jesus leben und darin Freude, Leben und Heil finden. Sie können und brauchen nicht alles tun, was die Leute heute von ihnen erwarten, ja fordern; aber sie müssen in allem, was sie tun, Jesus zu den Menschen bringen, daß diese Jesus finden und mit ihm leben.
Jesus kann man nicht zu den Menschen bringen wie ein Bote, der einen Brief überbringt oder ein Paket abliefert. Vielmehr verbindet sich Jesus durch die Priesterweihe so mit den Weihekandidaten, daß er selbst in ih-

rem Dienst zu den Menschen kommt. Er verbindet sich so mit ihnen, daß sie in seinem Namen handeln dürfen, und das heißt, daß Jesus selbst durch sie handelt. Ihr Platz, den sie zum Beispiel bei der Feier der Eucharistie einnehmen, ist nicht ihr Platz, sondern der Platz des Herrn. Sie ersetzen nicht den Herrn, aber sie sind lebendige Zeichen seiner Gegenwart in unserer Mitte, wann immer sie in seinem Namen handeln. Dadurch sind sie Repräsentanten der wirklich in der Kirche anwesenden Erlösung.

Das Zeugnis für seine erlösende Liebe geben

Inmitten unserer Welt sollen sie Zeugnis geben für eine Wirklichkeit, die nicht von dieser Welt ist, für die erlösende Liebe Gottes, die sie zu vermitteln haben. Das bringt auch eine gewisse Fremdheit oder Andersartigkeit mit sich. Der Priester gehört zu den Menschen, wie Jesus zu uns gehört. Wie Jesus unser aller Bruder geworden ist, so muß auch der Priester der Bruder der Menschen sein, der mit ihnen die Not trägt und ihre Freude teilt. Zugleich aber wird ihm immer auch eine Fremdheit anhaften, weil er ja inmitten der Welt eine andere Wirklichkeit zu vertreten hat, die nicht von dieser Welt ist, die Wirklichkeit des neuen Himmels und der neuen Erde, das Heil, das von Gott kommt, ja Gott selbst ist.

Der Priester bezeugt diese neue Welt nicht nur durch seinen Dienst, sondern auch durch seine Lebensform, die Ehelosigkeit um des Himmelreiches willen. Diese Zeugenschaft läßt ihn oft als Fremdling in unserer Gesellschaft erscheinen. Es ist schwer, eine solche Lage durchzustehen, wenn man sogar bei denen, für die man arbeitet, dafür kein Verständnis findet. Die Verständnislosigkeit, die viele unserer Priester erleben, ist für sie oft die schwerste Belastung und damit die größte Gefahr zu resignieren. Brüder und Schwestern, ich bitte Sie alle, zeigen Sie unseren Priestern Verständnis für

Ihren Dienst und Ihre Lebensform und tragen Sie so mit an der Aufgabe, die ihnen anvertraut ist. Sie brauchen den Priester, aber der Priester braucht auch Sie, um Ihnen Priester sein zu können.

Nicht geistlose Funktionäre, sondern vom Geist beseelte Boten

Liebe Weihekandidaten, Ihr sollt Jesus zu den Menschen tragen. Durch Euren Dienst sollen die Menschen mit Jesus in Berührung kommen, damit sie mit ihm leben und in ihm das Heil finden. Mit seiner erlösenden Liebe beladen, werdet Ihr zu den Menschen gesandt. Diesen Auftrag könnt Ihr nicht als geistlose Funktionäre erfüllen. Euer Herz ist gefordert. Wir Menschen bewegen unsere Arme und Füße, atmen mit der Lunge und pumpen mit dem Herzmuskel das Blut durch unsere Adern. Aber all das ist nur lebendig durch die Geistseele, die unseren ganzen Leib durchformt. Ohne Seele wäre unser Leib ein geistloser Roboter. Wie Euer leibliches Leben beseelt ist von Eurem Geist, so muß auch Euer priesterliches Wirken beseelt und getragen sein vom Geist Gottes, der Liebe ist, geradezu leidenschaftliche Liebe, mit der Vater und Sohn in göttlicher Glückseligkeit einander lieben und mit der sie auch die Menschen lieben.

Gottes Heiliger Geist macht Euch fähig, Diener des Neuen Bundes zu sein. Dieser Geist wird Euch jetzt durch Handauflegung und Gebet geschenkt. Ich werde Euch die Hände auflegen, und dann werden dies auch alle anwesenden Mitbrüder im bischöflichen und priesterlichen Dienst tun. Dies geschieht in tiefem Schweigen. In der ältesten Beschreibung einer Weihe durch Hippolyt von Rom zu Beginn des 3. Jahrhunderts wird gesagt, was während dieser Handauflegung zu geschehen hat: "Alle sollen schweigen und in ihrem Herzen um die Herabkunft des Heiligen Geistes beten." Ich bitte Sie alle, dieses Schweigen zu wahren und in Ihrem

Herzen inständig zu Gott zu flehen, daß er den Geist seiner Liebe auf unsere Weihekandidaten ausgieße und sie dadurch zu Boten seiner erlösenden Liebe mache.

Den Herzschlag der Liebe Gottes spüren lassen

Gestern haben wir das Herz-Jesu-Fest gefeiert. Der heilige Pfarrer von Ars sagte einmal: "Das Priestertum ist die Liebe des Herzens Jesu." Eure Aufgabe, liebe Weihekandidaten, ist es, die Menschen den Herzschlag der Liebe Gottes spüren zu lassen. Das setzt voraus, daß Ihr selbst aus der Liebe dieses Herzens lebt. Das bedeutet, daß Ihr immer wieder anbetend Euer eigenes Herz in die Glut der Liebe Christi hineinhaltet. Im Evangelium habt Ihr gehört, wie Jesus den Petrus einzig nach seiner Liebe fragt, ehe er ihn zum Hirten seiner Kirche bestellt. Der Herr fragt auch jeden einzelnen von Euch: *"Liebst du mich?"* Eure Antwort kann nur lauten wie die des Petrus: Ja, Herr, ich liebe dich. *"Du weißt alles; du weißt, daß ich dich liebhabe"* (vgl. Joh 21,15-17). Diese Antwort braucht Ihr nicht mit dem Mund zu geben, Ihr sollt sie mit Eurem Leben geben. Diese Liebe zum Herrn ist der Boden, auf dem Ihr im schwankenden Hin und Her dieser Welt und Eures eigenen Lebens Halt findet. Ohne diese Liebe würde der priesterliche Dienst zur unerträglichen Last. In der Kraft dieser Christusliebe wird er zum Dienst, der aufatmen läßt und froh macht, Euch und die Menschen, zu denen Ihr gesandt werdet. Lebt darum aus der Liebe zum Herrn, daß sie Euer Tun beseele! Dann werden die Menschen, die Eurer Hirtensorge anvertraut werden, durch Euren Dienst den Herzschlag der Liebe Gottes spüren, sie werden dadurch ihres Lebens froh, sie werden Gottes teilhaft und das Heil erlangen.

Priesterweihe, 27.6.1992 im Mariendom zu Freising

"Entfache die Gnade Gottes wieder ..."

(2 Tim 1,6)

In der Kraft des Geistes

Ein Kennzeichen der Welt von heute ist der Säkularismus, der den Menschen und die Dinge dieser Welt aus ihrer letzten Verankerung in Gott loszureißen sucht. Zu seinen Auswirkungen gehören die Krise der Wertordnung, die geistige und das heißt vor allem sittliche Orientierungslosigkeit, der Vorrang des Funktionierens, des Zurschaustellens sowie des Habens vor dem Sein. Wie ist das mit der Kirche? Das Schifflein Petri ist noch nicht am Ziel, sondern noch unterwegs auf dem Meer dieser Weltzeit. Kein Wunder, daß es von den Wellen des säkularisierten Denkens hin- und hergerissen wird, ja daß sogar dessen Wellen ins Boot der Kirche hineinschwappen.

Was tut not? Die Feier der Chrisam-Messe gibt uns die Antwort. Denn sie lenkt unseren Blick auf das, was für Jesus wichtig war und was auch uns nottut. In Lesung und Evangelium hörten wir von Jesus, der mit dem Heiligen Geist gesalbt ist. *"Der Geist des Herrn ruht auf mir; denn der Herr hat mich gesalbt"* (Lk 4,18; vgl. Jes 61,1f.). Dieses Wort aus dem Propheten Jesaja bezieht Jesus auf sich. In ihm hat es seine Erfüllung gefunden. Er ist vom Vater mit dem Heiligen Geist gesalbt worden. Darum ist er der Gesalbte, der Christus. Dies ist so bedeutsam, daß der Titel "der Gesalbte" zum Eigennamen wurde. Der Ausdruck ist dem Griechischen entnommen; "Christus" bedeutet der "Gesalbte". Jesus lebt aus dem Heiligen Geist, er läßt sich von ihm führen. Alles, was er tut, tut er in der Kraft des Heiligen Geistes. In der Kraft des Geistes verkündet er mit Vollmacht das Evangelium, heilt er Kranke, treibt er Dämonen aus. In der Kraft des Geistes kämpft er mit dem Versucher und geht er in den Leidenskampf und ans Kreuz. Als der mit dem Heiligen Geist Gesalbte vollbringt Jesus das Werk der Erlösung.

Jesus Christus, Jesus der Gesalbte, ist das Maß für uns. Das gilt für uns Priester und den uns anvertrauten Dienst. Die heiligen Öle, die heute für unseren Dienst geweiht werden, erinnern uns daran. Wir benötigen die heiligen Öle zwar nur für wenige Sakramente, aber sie machen eine wesentliche Dimension unseres Dienstes insgesamt offenkundig. Das geweihte Öl ist Zeichen und Sinnbild des Heiligen Geistes. Bei unserer Priesterweihe wurden wir selbst gesalbt, nicht nur mit Chrisam, sondern vor allem mit dem Heiligen Geist. Dadurch wurden wir *"fähig gemacht, Diener des Neuen Bundes zu sein, nicht des Buchstabens, sondern des Geistes"* (2 Kor 3,6). Der Dienst des Geistes ist uns übertragen. Das heißt doch, daß wir nach dem Vorbild des Herrn all unser priesterliches Tun aus der Kraft seines Geistes verrichten. Auch nicht eine einzige Tätigkeit unserer Seelsorge ist davon ausgenommen. Wie Jesus aus dem Heiligen Geist gelebt und gewirkt hat, müssen auch wir aus seinem Geist leben und wirken.

Vom Geist geführt

Liebe Brüder im geistlichen Amt, das ist der Weg, den Jesus uns durch seinen Geist führt. Auf diesem Weg werden wir und die uns anvertrauten Gemeinden den Verlockungen und Gefährdungen unserer säkularisierten Gesellschaft gewachsen sein. Wenn wir aus dem Geist leben und arbeiten, geraten wir nicht unter Leistungsdruck, und unsere Arbeit entartet nicht in Betriebsamkeit und Streß, sondern trägt jene Früchte, die der Herr von uns erwartet. Und das sind Früchte des Geistes: Glaube, Hoffnung, Liebe, Freude, Friede, Langmut, Freundlichkeit, Güte, Treue, Sanftmut, Selbstbeherrschung (vgl. Gal 5,22f.).

Die heiligen Öle, die wir heute weihen, sagen nicht nur uns Priestern Wichtiges, ja Unverzichtbares für unseren Dienst, sie erinnern uns alle an die Würde unseres Christseins. Wir alle wurden in Taufe und Firmung mit dem heiligen Öl gesalbt, und wir alle wurden mit dem Geist Jesu Christi gesalbt. Darum sind wir alle Gesalbte; darum tragen wir alle den Namen Christen, Gesalbte. Wir alle sind also geistliche Menschen. Das ist nicht etwas Äußerliches, sondern betrifft unser Innerstes. So wie Jesus sich in allem, was er tat, vom Heiligen Geist hat leiten lassen, so sollen auch wir uns vom gleichen Gottesgeist führen lassen. In dem Maß, in dem dies geschieht, wird unser Leben christlich, das heißt unserem Herrn Jesus Christus ähnlich.

Die treibende Kraft

Wenn wir uns vom Geist Christi bestimmen lassen, zeigen sich uns auch die Gebote in neuem Licht, nämlich nicht als Last, die niederdrückt, sondern als Ausdruck des Lebens, das eines Christen würdig ist. Schauen wir zum Beispiel auf den Sonntag, der in unserer säkularisierten Gesellschaft nicht nur von außen durch arbeitsorganisatorische Maßnahmen bedroht ist, sondern, was noch viel mehr wiegt, von innen her ausgehöhlt und immer mehr seines Sinnes als eines heiligen Tages beraubt wird. Wer sich vom Geist Gottes leiten läßt, weiß, was dieser heilige Tag der Woche bedeutet und daß wir ihn der Ehre Gottes, aber auch der Würde des Menschen schulden. Wer sich vom Geist Gottes leiten läßt, wird es nicht als lästige Zumutung empfinden, am Sonntag zur Messe gehen zu müssen. Er wird darin vielmehr eine hohe Ehre sehen, daß er durch den Geist mit den Brüdern und Schwestern vereint den Tod und die Auferstehung des Herrn feiern darf.
Ähnlich ist es mit der Ehe, die in unserer Gesellschaft ihres religiösen Charakters immer mehr beraubt und von vielen nur noch als "ein weltlich Ding" betrachtet wird. Wie viele denken noch daran, daß die Ehe ein Geschenk Gottes an den Menschen ist und daß Gott selbst Mann und Frau miteinander verbindet, und zwar unauflöslich? Wo Eheleute ihre gegenseitige Liebe vom

Geist Gottes durchdringen und stärken lassen, werden bei allen Schwierigkeiten, die auftreten, Treue und Unauflöslichkeit selbstverständlicher Ausdruck ihrer ehelichen Gemeinschaft sein.
Fragen wir uns alle, was denn die treibende Kraft unseres Lebens ist: Geld, Ehre, Besitz, Lust, Macht - oder Gottes Heiliger Geist?
Gottes Geist will uns helfen zu leben, wie Jesus gelebt hat. "Veni Sancte Spiritus!"

Missa Chrismatis, 30.3.1988 im Liebfrauendom zu München

Erneuerung aus der Sinnmitte

Die heiligen Öle, die in dieser Feier geweiht werden, sind bestimmt für den priesterlichen Dienst. Wir brauchen sie bei Taufe, Firmung, Priesterweihe und Krankensalbung. Das geweihte Öl ist ein heiliges Zeichen, das uns auf das hinweist, was beim Empfang dieser Sakramente geschieht. Darüber hinaus bezeichnet es die Sinnmitte des priesterlichen Tuns überhaupt und somit aller priesterlichen Tätigkeiten. Liebe Brüder im Priesteramt, auf diese Mitte unseres Dienstes wollen wir uns heute abend wieder besinnen, um uns darin zu erneuern.

"Wer ist mein Nächster?"

Worum geht es bei der Sendung, die uns bei unserer Weihe anvertraut wurde? Uns allen ist Jesu Gleichnis vom barmherzigen Samariter wohlbekannt. Als der Samariter den halbtot Geschlagenen am Wege sieht, steigt er von seinem Reittier und gießt Öl und Wein in seine Wunden, um sie zu heilen. Mit diesem Gleichnis hat Jesus nicht nur die Frage des Gesetzeslehrers beantwortet: *"Wer ist mein Nächster?"* (Lk 10,29). Mit diesem Gleichnis hat Jesus auch sein eigenes Tun zusammengefaßt: Er selbst ist der barmherzige Samariter. Er ist gekommen, um das Öl der erbarmenden Liebe Gottes in unsere Wunden zu gießen und uns zu heilen, zu heilen Menschen zu machen. Beim Propheten Jesaja heißt es von Jesus: *"Der Geist Gottes, des Herrn, ruht auf mir; denn der Herr hat mich gesalbt. Er hat mich gesandt, damit ich den Armen eine frohe Botschaft bringe und alle heile, deren Herz zerbrochen ist"* (Jes 61,1). Jesus Christus ist vom Vater gesandt, um zu heilen. Wir nennen ihn daher Heiland.

Zum Heilen gesandt

In dieser Sendung Jesu wurzelt unsere priesterliche Sendung. Wir wurden bei unserer Weihe nicht nur mit heiligem Öl gesalbt, sondern auch mit Heiligem Geist und haben dadurch Anteil erhalten an Christi Salbung und Sendung. Unsere hohe Aufgabe ist es, Diener unseres Heilands und Erlösers zu sein und in seinem Namen als barmherzige Samariter das Öl der erlösenden Liebe Gottes in die wunden Herzen der Menschen zu gießen. Zum Heilen sind wir gesandt, geistliche Ärzte sollen wir sein in allem, was wir tun. In der Verkündigung des Wortes Gottes, in der Feier der Eucharistie, bei der Spendung der Sakramente, im Gebet, bei der geistlichen Unterweisung und beim Glaubensgespräch, immer geht es um dieses eine: das Öl der erbarmenden, erlösenden Liebe Gottes in wunde Menschenherzen zu gießen, Heilung und Heil von Gott her zu vermitteln und dadurch Freude zu schenken. So heißt es beim Propheten in der Lesung (Jes 61,3a): *"Freudenöl statt Trauergewand, Jubel statt Verzweiflung"*. In Jesu Namen sollen wir gute Ärzte sein.

Hören wir das Zeugnis einer russischen Emigrantin, die viele Jahre ein gottloses Leben geführt hat und deren Inneres aus vielen Wunden blutete, wie jener blutete, der im Gleichnis vom barmherzigen Samariter unter die Räuber gefallen war. Mit 26 Jahren fand sie zum Glauben und wurde getauft. In ihrem Bericht fällt auf, daß sie in den Priestern ihrer russischen Heimat, denen sie begegnen durfte, vorwiegend Ärzte sah. Sie schreibt: "In der Tradition der heiligen Väter heißen die Priester 'Ärzte': den Menschen heilen, der so schwer und schon so lange krank ist, das kann weder ein weltlicher Arzt noch der talentierteste Psychologe oder Psychoanalytiker; das können nur die Meister der 'Künste', die selbstlosen Streiter für ein höheres Ziel, die Asketen: Menschen, die Tag für Tag als Sieger aus dem geistig-seelischen Kleinkrieg hervorgehen; Menschen, die die in der Welt verlorengegangene Kunst besitzen, 'die Geister zu unterscheiden'" (Tatjana Goritschewa, Von Gott reden ist gefährlich, S. 54). "Ich erinnere mich an einen Priester, einen bescheidenen Menschen, auf dem Dorf lebend, der aber mit seinem Gebet nicht wenige Menschen geheilt hat" (S. 50). Von diesen geistlichen Ärzten der Seele schreibt sie: "Nie habe ich leere und schmeichlerische Worte von ihnen gehört. Die Arznei, die sie geben, ist oft bitter, aber sie wirkt immer... Alle verlassen sie getröstet und mit verjüngten Gesichtern" (S. 99). Was dieser Dienst des Seelenarztes an Selbstverleugnung kostet, geht aus einem Wort hervor, das einer aus ihnen von sich selbst oft sagte: "Ich bin eine Matte unter den Füßen der Menschen" (S. 100).

Aus seiner Kraft handeln

In seinem Brief an die Priester zum Gründonnerstag ruft uns der Heilige Vater auf: "Öffnen wir unsere Herzen - die Augen unserer Seele - immer mehr, um besser zu verstehen, was es bedeutet, 'in der Person Christi', im Namen Christi zu handeln; aus seiner Kraft zu handeln, die letztlich im Heilswerk der Erlösung wurzelt." Liebe Brüder, öffnen wir unsere Herzen, um immer besser zu erkennen, was es heißt: in Jesu Namen ein barmherziger Samariter zu sein, ein Arzt, der Heil von Gott bringt!

Seien wir treue Diener unseres Heilandes Jesus Christus, seien wir gute Samariter, die das Öl der erlösenden Liebe Gottes in die wunden Herzen der Menschen gießen, auf daß sich auch in unseren Gemeinden das Wort des Propheten erfüllt: Statt Trauer Freude, statt Verzweiflung Jubel.

Missa Chrismatis, 18.4.1984 im Liebfrauendom zu München

Dienst an der Wahrheit

"Helfen durch die Wahrheit"

Romano Guardini schrieb Ende Februar 1954 in sein Tagebuch: "Die Ansprachen in St. Ludwig sind mir fast so wichtig wie meine Vorlesungen. Die Wahrheit hat eine so klare und stille Macht. So meine ich es mit meiner seelsorglichen Arbeit: helfen durch die Wahrheit." Unter uns sind viele, denen Romano Guardini durch die Wahrheit geholfen hat, die aus seinen Predigten, Vorträgen und Schriften geistlichen Gewinn empfangen durften. Wenn wir heute in seinen Schriften lesen, sind wir erstaunt, wie aktuell sie auch in unseren Tagen sind, selbst jene Schriften, die bereits über ein halbes Jahrhundert alt sind. Woher das kommt, verrät er uns selbst in dem Satz, mit dem er seine letzte Vorlesung an der Münchener Universität beschlossen hat: Er sagte damals den jungen Studenten: "Glauben Sie das einem alten Mann: Die Mode kommt und geht, aber die Wahrheit bleibt."
Liebe Brüder im geistlichen Amt! Wir alle sind bestellt zu Dienern der Wahrheit, die nicht veraltet, sondern bleibt. Bei unserer Weihe wurde uns ein prophetisches Amt übertragen. Wir müssen Künder und Zeugen der Wahrheit sein, die nicht von uns stammt, sondern von Gott. Unser hoher Auftrag ist es, den Menschen durch die Wahrheit zu helfen.

Der Prophet der Wahrheit

Im Evangelium ist uns Jesus Christus als der Prophet begegnet. Mit Worten des Propheten Jesaja hat er uns gesagt, wie er selbst Prophet wurde und was der Inhalt seiner prophetischen Verkündigung ist: *"Der Geist des Herrn ruht auf mir; denn der Herr hat mich gesalbt. Er hat mich gesandt, damit ich den Armen eine gute Nachricht bringe; damit ich den Gefangenen die Entlassung verkünde und den Blinden das Augenlicht; damit ich die Zerschlagenen in Freiheit setze und ein Gnadenjahr des Herrn ausrufe"* (Lk 4,18f.). Jesus wurde also zum Propheten bestellt, indem der Vater ihn mit dem Heiligen Geist salbte. Und die Wahrheit, die ihm anvertraut wurde, ist das Evangelium, die gute Nachricht, die er den Menschen zu verkünden hat. Es ist wahrlich eine Wahrheit, die hilft. Denn sie bringt den Gefangenen Entlassung, den Blinden das Augenlicht, den Zerschlagenen Freiheit und allen das Gnadenjahr des Herrn, die Zeit des Heiles. Jesus hat den Menschen durch die Wahrheit geholfen. Er ist der Prophet, er ist *"der treue Zeuge"*, wie ihn die zweite Lesung unseres Gottesdienstes aus der Offenbarung des Johannes (Offb 1,5) nennt.

Anteil an seinem Dienst

Bei unserer Weihe haben wir alle Anteil erhalten am Prophetenamt Jesu Christi. Damals wurden auch wir gesalbt, nicht nur mit dem heiligen Chrisam, sondern auch und vor allem mit dem Heiligen Geist, dem Geist des Herrn, mit dem Jesus Christus gesalbt ist. Dadurch wurden wir zu Propheten bestellt, zu treuen Zeugen, damit auch wir durch die Wahrheit den Menschen helfen. Liebe Brüder im geistlichen Amt, ich bitte Sie herzlich: Nehmen Sie diesen prophetischen Auftrag ernst! Die Menschen unserer Tage brauchen die Wahrheit, die von Gott kommt. Wir müssen ihnen durch die Wahrheit helfen. Wir können ihnen gar nicht besser als durch die Wahrheit helfen. Überprüfen wir unsere Arbeit, ob wir der Verkündigung des Evangeliums den ersten Platz einräumen oder ob wir uns nicht manchmal zu sehr von weniger wichtigen Dingen in Beschlag nehmen lassen; ob wir uns im geistlichen Kampf, der uns aufgetragen ist, zu oft auf Nebenkriegsschauplätzen oder gar in der Etappe aufhalten. Als Zeugen der Wahrheit haben wir in der vordersten Front zu stehen.

Der prophetische Dienst stellt an uns hohe Forderungen. Wir müssen von uns selbst absehen. Wir haben ja nicht uns und unsere persönlichen Ansichten zu verkünden, sondern Jesus Christus, der die Wahrheit in Person ist. Im Alten Testament finden wir im Munde Gottes des öfteren die Redewendung: *"Meine Knechte, die Propheten"*. Auch wir sind Gottes Knechte, die im Dienste seiner Wahrheit stehen. Der Apostel Paulus schreibt im Galaterbrief über seinen Verkündigungsdienst: *"Geht es mir denn um die Zustimmung der Menschen, oder geht es mir um Gott? Suche ich etwa Menschen zu gefallen? Wollte ich noch den Menschen gefallen, dann wäre ich kein Knecht Christi"* (Gal 1,10). Und im zweiten Brief an Timotheus schreibt der Apostel: *"Verkünde das Wort, tritt dafür ein, ob man es hören will oder nicht; weise zurecht, tadle, ermahne, in unermüdlicher und geduldiger Belehrung. Denn es wird eine Zeit kommen, in der man die gesunde Lehre nicht erträgt, sondern sich nach eigenen Wünschen immer neue Lehrer sucht, die den Ohren schmeicheln; und man wird der Wahrheit nicht mehr Gehör schenken, sondern sich Fabeleien zuwenden. Du aber sei in allem nüchtern, ertrage das Leiden, verkünde das Evangelium, erfülle treu deinen Dienst!"* (2 Tim 4,2-5). Liebe Brüder, erfüllen auch wir treu unseren Dienst am Evangelium. Schmeicheln wir nicht den Ohren, sondern helfen wir den Menschen durch die Wahrheit, die von Gott kommt.

Offen und hellhörig für die Wahrheit

Zum prophetischen Dienst gehört, daß wir für Gott hellhörig sind. Im 3. Lied vom Gottesknecht heißt es beim Propheten Jesaja: *"Jeden Morgen weckt er mein Ohr, damit ich auf ihn höre wie ein Jünger. Gott, der Herr, hat mir das Ohr geöffnet. Ich aber wehrte mich nicht und wich nicht zurück"* (Jes 50,4f.). Hören auch wir als Knechte Gottes auf das, was er uns sagt! Seien wir hellhörig für ihn, jeden Tag neu. Und machen wir es wie der Prophet Habakuk: *"Ich will auf meinem Wachturm stehen, ich stelle mich auf den Wall und spähe aus, um zu sehen, was er mir sagt"* (Hab 2,1). Unser prophetisches Amt ist ein Wächteramt. Es schließt Verantwortung für viele ein. Wenn der Wächter versagt und schläft, ist die Stadt dem Feinde preisgegeben. Stellen auch wir uns auf den Wachturm und spähen wir, um zu sehen, was Gott uns sagt, um es treu zu künden, damit die uns anvertrauten Gläubigen nicht in der Finsternis des Irrtums und des Truges wandeln, sondern im Licht der Wahrheit Gottes, das das Leben hell macht!

Teilhabe am Prophetenschicksal

Zum prophetischen Amt gehört auch die Bereitschaft zum Prophetenschicksal. Denken wir an Elija, der in Ausübung seines Auftrages verfolgt wurde, daß er des Lebens müde in die Wüste ging und Gott bat, ihn doch sterben zu lassen; oder an Jeremia, den sie in Jerusalem in einen verschlammten Brunnen warfen, weil er nicht verkündete, was sie hören wollten, sondern die Wahrheit sagte. *"Jerusalem, Jerusalem, du tötest die Propheten und steinigst die Boten, die zu dir gesandt sind"* (Lk 13,34), klagt Jesus, der selbst das Schicksal des Propheten in Jerusalem erleiden muß. Dieses Jerusalem ist überall. "Von Gott zu reden ist gefährlich", lautete der Titel eines Buches, geschrieben von einer Frau, die wegen ihres Zeugnisses für Jesus Christus die Heimat verlassen mußte.

Prophetischer Dienst ist aber nicht nur Last, er ist auch Freude, Freude darüber, von Gott geliebt und erwählt und in seiner Hand geborgen zu sein. So heißt es beim Propheten Jesaja im 2. Lied des Gottesknechtes: *"Der Herr hat mich schon im Mutterleib berufen; als ich noch im Schoß meiner Mutter war, hat er meinen Namen genannt. Er machte meinen Mund zu einem schar-*

fen Schwert, er verbarg mich im Schatten seiner Hand. Er machte mich zum spitzen Pfeil und steckte mich in seinen Köcher. Er sagte zu mir: Du bist mein Knecht, Israel, an dem ich meine Herrlichkeit zeigen will" (Jes 49,1-3). Wenn wir treu unser Prophetenamt ausüben, kann uns letztlich nichts passieren. Denn wir sind geborgen in Gottes Hand. Indem wir unseren prophetischen Dienst verrichten, leiten wir die Gläubigen auf den Wegen Gottes durch diese Welt, daß sie nicht in die Irre gehen, sondern zum Ziel, zu Gott gelangen. Helfen wir ihnen auch, mitten in dieser unserer Welt ein Leben zu führen, das zu einem prophetischen Zeugnis wird, zu einem Zeugnis für die Wahrheit, die Jesus Christus ist. Die Welt braucht die Wahrheit, die Menschen brauchen die Wahrheit. Helfen wir ihnen durch die Wahrheit!

Missa Chrismatis, 3.4.1985 im Liebfrauendom zu München

"Helfer zu eurer Freude"

"Der Geist Gottes, des Herrn, ruht auf mir; denn der Herr hat mich gesalbt. Er hat mich gesandt, damit ich den Armen eine frohe Botschaft bringe" (Jes 61,1). Diese Worte des Propheten Jesaja wendet Jesus im Evangelium auf sich an. Er ist vom Vater mit dem Heiligen Geist gesalbt, damit er den Armen das Evangelium, die Frohe Botschaft, bringe. Jesus und die Freude gehören zusammen. Darum wendet der Hebräerbrief (1,9) das Psalmwort auf Jesus an: *"O Gott, dein Gott hat dich gesalbt mit dem Öl der Freude wie keinen deiner Gefährten"* (Ps 45,8). Jesus ist die Freude in Person, wie es in der schönen Kantate von Johann Sebastian Bach heißt: "Jesu, meine Freude".

Die Botschaft der Freude verkünden

Liebe Brüder im Priesteramt! Auch wir sind bei der Priesterweihe mit dem Öl der Freude, mit dem Heiligen Geist, gesalbt worden. Wir haben Anteil erhalten an der Sendung Christi, den Armen das Evangelium, die Botschaft der Freude zu verkünden. *"Helfer zu eurer Freude"* (2 Kor 1,24), so versteht Paulus seinen und seiner Mitarbeiter Auftrag, den er an den Christen in Korinth zu erfüllen hat. Papst Paul VI. sagte in seinem Apostolischen Schreiben von 1975 über die Freude von uns Priestern: "Ihre Sendung besteht darin, ihren Brüdern zu helfen, den Weg der christlichen Freude einzuschlagen, inmitten der Gegebenheiten, die ihr Leben bestimmen und denen sie nicht aus dem Weg gehen können."

Unser priesterlicher Auftrag ist es also, die Freude Christi zu den Menschen zu tragen. Daran erinnern uns heute die heiligen Öle, die geweiht und uns anvertraut werden, damit wir die Menschen mit dem Öl der Freude salben.

Diese Aufgabe ist nicht auf die Spendung der Sakramente beschränkt, bei denen die heiligen Öle verwendet werden: Taufe, Firmung, Weihe und Krankensalbung. Die Weitergabe der Freude muß unser ganzes Tun bestimmen, vor allem die Verkündigung. Was wir zu verkünden haben, ist Evangelium, Frohbotschaft, Botschaft, welche froh macht. Unter den vielen Aufgaben, die uns übertragen sind, steht die Verkündigung an erster Stelle. Im Priesterdekret des Konzils heißt es: "Die erste Aufgabe der Priester als Mitarbeiter der Bischöfe (ist es), allen die Frohe Botschaft Gottes zu verkünden" (Presbyterorum Ordinis 4). Wir müssen uns immer wieder fragen, ob sich die Freude wie ein roter Faden durch unsere Verkündigung zieht, so daß unsere Predigt wirklich Evangelium, Frohbotschaft ist, ob wir mehr klagen und entmutigen, statt zu ermutigen, zu stärken und zu begeistern, ob wir Mißmut statt Freude ausstrahlen. Durch unseren priesterlichen Dienst sollen unsere Gemeinden Stätten der Freude werden.

Aus der Freude der Frohbotschaft leben

Diesen unseren Auftrag werden wir nur erfüllen, wenn wir selbst aus der Freude des Evangeliums leben, also Menschen der Freude sind. Angesichts der Mühsal und Enttäuschung, die keinem von uns erspart bleiben, ist das gar nicht selbstverständlich. Der Heilige Vater spricht in seinem Schreiben an die Priester zum morgigen Gründonnerstag von der geistigen Wüste, in der sich heute Seelsorger befinden. Ausgelaugt wie ein Durstiger in der Wüste, nach dem rechten Weg suchend wie einer, der sich in der Wüste verirrt hat, so kommen wir uns manchmal vor. So bedrückend solche Erfahrungen sind, trotzdem müssen wir Boten der Freude sein, einer Freude, die in uns lebendig ist.
Ist so etwas möglich? Zwei Beispiele aus der Apostelgeschichte zeigen es uns. Im 5. Kapitel der Apostelgeschichte wird uns berichtet, wie die Apostel gefangen-

genommen wurden, weil sie das Evangelium verkündeten. Der Hohe Rat ließ sie dafür auspeitschen. Wie reagierten die Apostel? Kein Wort der Klage, kein Jammern. Ganz im Gegenteil. Die Apostelgeschichte sagt von ihnen: *"Sie aber gingen weg vom Hohen Rat und freuten sich, daß sie gewürdigt worden waren, für seinen Namen Schmach zu erleiden"* (Apg 5,41). Das Leiden ist den Aposteln nicht Grund zum Klagen, sondern Anlaß zur Freude.
Paulus und Silas kommen auf der zweiten Missionsreise des Apostels nach Philippi. Weil sie das Evangelium von Christus verkünden und in seinem Namen ein Wunder wirken, werden sie festgenommen; man reißt ihnen die Kleider vom Leib und peitscht sie mit vielen Rutenschlägen aus. Dann werden sie ins Gefängnis geworfen und ihre Füße in den Block gespannt, so daß sie sich nicht mehr vom Fleck bewegen können. Was würden wir tun, wenn wir ungerecht so übel zugerichtet würden? Und was tun Paulus und Silas? Kein Jammern, kein Wort der Klage kommt aus ihrem Mund. Ganz im Gegenteil. Die Apostelgeschichte berichtet: *"Um Mitternacht beteten Paulus und Silas und sangen Loblieder; und die Gefangenen hörten ihnen zu"* (Apg 16,25). In menschlich aussichtsloser Lage, im Kerker, singen sie Gottes Lob. So tief sind sie erfüllt von der Freude der Botschaft, die ihnen anvertraut ist, für die sie die Mühsal und Gefahren der Missionsreise auf sich nehmen, sich auspeitschen und gefangennehmen lassen.

In der Nähe des Auferstandenen

Wo liegt der Grund ihrer Freude? In der Nähe des auferstandenen Herrn. Wo der Auferstandene ist, verbreitet sich Freude. Im Johannesevangelium heißt es in der Erzählung vom Osterabend, als der Auferstandene zum ersten Mal zu den Jüngern kam: *"Da freuten sich die Jünger, daß sie den Herrn sahen"* (Joh 20,20). Und bei Lukas heißt es an der entsprechenden Stelle, daß die

Jünger es vor Freude immer noch nicht glauben konnten, daß er wirklich auferstanden ist (Lk 24,40). Der auferstandene Herr ist auch bei uns. In der Frohen Botschaft tragen wir ihn zu den Menschen. Dazu sind wir geweiht und mit dem Öl der Freude, mit dem Heiligen Geist gesalbt worden. Ist das nicht eine schöne, erfüllende Aufgabe! Und würden nicht mehr junge Männer sich entschließen, dem Ruf des Herrn zu folgen und Priester zu werden, wenn man an unserer Verkündigung und an unserem Leben etwas mehr diese Freude verspüren könnte!

Liebe Brüder im Priesteramt, wie das Öl seinen Duft verbreitet und überall eindringt, so möge durch unseren Dienst die Freude, die Christus selbst ist, sich in den uns anvertrauten Gemeinden ausbreiten und tief in die Herzen der Menschen einströmen! Als Mitglieder des einen Presbyteriums wollen wir alle Boten der Freude sein, die uns von Christus anvertraut ist!

Missa Chrismatis, 26.3.1986 im
Liebfrauendom zu München

Einssein in der Gemeinschaft des Geistes

"Der Herr hat mich gesalbt"

Die Salbung mit dem Heiligen Geist ist für Jesus ganz wichtig, so wichtig, daß er gleich bei seinem ersten öffentlichen Auftreten davon spricht und sie in Zusammenhang bringt mit seiner ganzen Sendung: *"Der Geist des Herrn ruht auf mir; denn der Herr hat mich gesalbt. Er hat mich gesandt, damit ich den Armen eine gute Nachricht bringe; damit ich den Gefangenen die Entlassung verkünde und den Blinden das Augenlicht; damit ich die Zerschlagenen in Freiheit setze und ein Gnadenjahr des Herrn ausrufe. ... heute hat sich das Schriftwort, das ihr eben gehört habt, erfüllt"* (Lk 4,18f. 21). Mit ihm kommt die Zeit der Gnade, die Zeit des Heils für die Welt. Dazu ist er gesandt, und dazu ist er gesalbt mit dem Heiligen Geist.

Das Band der Liebe mit dem Vater

Wie ist das zu verstehen? Der Heilige Geist ist das Band der Liebe, das Jesus mit dem Vater verbindet. Alles, was Jesus tut, das tut er in der geistgewirkten Einheit mit dem Vater. Der Heilige Geist verbindet Jesus nicht nur mit dem Vater, er stärkt ihn auch für das Werk, zu dem er in die Welt gesandt wurde. Alles, was Jesus tut, vollbringt er in der Kraft des Heiligen Geistes.

In der Kraft des Geistes verkündet er das Evangelium, kämpft er mit dem Versucher, macht er Kranke gesund; in der Kraft des Heiligen Geistes nimmt er das Leiden auf sich und stirbt am Kreuz für das Heil der Welt. Dazu ist er vom Vater gesandt, dazu ist er mit dem Geist gesalbt.

Einssein in der Gemeinschaft mit dem Gesalbten

Wir alle wurden auch gesalbt, mit heiligem Öl und mit Heiligem Geist. Bei diesem Gottesdienst werden wieder Öle geweiht, damit in den kommenden Monaten wiederum Tausende von Gläubigen in unserem Erzbistum gesalbt werden mit heiligem Öl und mit Heiligem Geist. Das ist für unser Christsein ganz wichtig. Ohne den Geist kann niemand Christ sein, ohne den Geist gibt es keine Kirche. Denn er verbindet uns mit Jesus Christus und macht uns dadurch zu Christen. Auf diese Weise verbindet er uns aber auch untereinander und macht uns so zur Kirche. Die Kirche ist ja die Gemeinschaft derer, die durch den Geist mit Christus und miteinander verbunden sind. Der heilige Paulus stellt dies so dar: Christus ist das Haupt, die Kirche ist sein Leib, einzeln aber sind wir die Glieder seines Leibes. Weil das Ganze von ein und demselben Geist durchformt und belebt ist, nennt man den Heiligen Geist auch die Seele der Kirche.

Beide, unsere Gemeinschaft mit Christus und unsere Gemeinschaft untereinander, gehören untrennbar zusammen. Wir sind nämlich deshalb untereinander eins, weil wir eins sind mit Jesus Christus. Wir können noch weitergehen und sagen: In dem Maß, in dem wir mit Christus verbunden sind, sind wir auch miteinander verbunden. An der Art, wie wir zueinander stehen und miteinander umgehen, kann man darum auch etwas von unserer Gemeinschaft mit Christus ablesen. In unserem Miteinander spiegelt sich nämlich unsere Einheit mit dem Herrn wider. Wenn also unter uns Egoismus, Besserwisserei, elitäres Gehabe, Konkurrenzdenken auftreten, sind das Zeichen, daß in unserem Verhältnis zu Christus etwas nicht stimmt. Wenn wir miteinander in Frieden und in geschwisterlichem Füreinander leben, zeigt sich daran unsere Übereinstimmung mit dem Herrn. Gewiß haben nicht alle die gleiche Aufgabe, wie auch die Glieder unseres Leibes nicht die gleiche Aufgabe haben. Wie aus dem Zusammenspiel der verschiedenen Glieder das harmonische Ganze des einen Leibes erwächst, so ist es auch in der Kirche. Im geistgewirkten Zusammenspiel der vielen Gläubigen mit ihren verschiedenen Aufgaben, Diensten und Ämtern lebt die Kirche in und aus der Einheit mit dem Herrn. Der Heilige Geist hat bei allem die führende Rolle.

Gesandt in der lebenspendenden Kraft des Geistes

Das wirft Licht auf unser Tun. Wir alle sind hier angesprochen, ob wir Priester oder Laien sind, gleich welchem kirchlichen Stand wir angehören. Keiner kann sagen: Ich werde in der Kirche nicht gebraucht. Wohl hat nicht jeder ein Amt in der Kirche, aber jeder hat eine Aufgabe, wie auch jedes Glied unseres Leibes seine Aufgabe im Ganzen hat. Alle haben teil an der Sendung der Kirche, alle werden gebraucht. Darum sind wir ja auch alle mit dem Heiligen Geist gesalbt. All unser Tun muß aus dem hervorgehen, was der Geist uns sagt. Und es muß von seiner Kraft getragen sein. Sonst bleibt es Leerlauf. Wir können uns auch dies am Bild des menschlichen Leibes veranschaulichen. Die Medizin kann heute mit dem Einsatz einer Maschine bewirken, daß Organe eines Leibes, aus dem das Leben gewichen ist, weiterarbeiten, als ob der Mensch noch leben würde. Das Herz schlägt, die Lunge atmet, und doch ist der Mensch tot. Beim lebendigen Menschen kommen die Bewegungen seiner Organe aus der ihm innewohnenden Lebenskraft. So ist das auch mit unserem kirchlichen Tun. Es muß getragen sein von der belebenden Kraft des göttlichen Geistes, der in der Kirche wohnt und in uns allen wirkt. Andernfalls verkommt es zu geistloser Betriebsamkeit und Leerlauf, einem künstlich durch die Maschine in Bewegung gehaltenen Organ vergleichbar. Wir haben uns für unser christliches Tun und für unsere Arbeiten in der Kirche daher nicht an unserer von Hektik geprägten Leistungsgesellschaft zu orientieren, sondern am Geist Gottes, mit dem wir gesalbt wurden. Darum heißt es im 1. Johannesbrief: *"Alles, was seine Salbung euch lehrt, ist wahr und keine Lüge"* (1 Joh 2,27). Gottes Geist belehrt uns und leitet uns an, das Richtige und Gute zu tun.

Frucht bringen aus der Gemeinschaft des Geistes

Die Kirche ist keine Leistungsgesellschaft, die möglichst viel produzieren muß und in der man vom Streß geplagt wird, sondern eine Gemeinschaft, in der man beschenkt wird. Das hat natürlich Konsequenzen. Man muß sich auf das Geschenk einlassen. Je kostbarer die Gabe, desto anspruchsvoller, was sich daraus für den Empfänger ergibt. Wenn die Gabe nun keine Sache, sondern eine Person ist, muß ich mit meiner Person antworten. Und wenn die Gabe gar eine göttliche Person, Gott selbst ist, dann heißt die Konsequenz für den mit Gott beschenkten Menschen: vorbehaltlose Hingabe. Das ist die höchste Herausforderung, die an uns gestellt werden kann. Und wo ein Mensch sich dieser Herausforderung stellt, da bringt er Früchte des Geistes hervor: *"Liebe, Freude, Friede, Langmut, Freundlichkeit, Güte, Treue, Sanftmut und Selbstbeherrschung"* (Gal 5,22f.). An solchen Früchten können wir erkennen, ob unser Tun vom Geist getragen oder geistlos ist.
Die heiligen Öle, die heute geweiht werden, erinnern uns, daß wir alle mit dem Heiligen Geist gesalbt wurden. Lassen wir uns folglich wie Jesus vom Geist leiten, daß unser Tun nicht Leerlauf werde, sondern reich werde an geistlichen Früchten! Und beten wir für die vielen, die in der Zeit von diesem bis zum nächsten Osterfest mit den heute geweihten Ölen gesalbt werden, daß sie auch mit Heiligem Geist gesalbt werden, auf daß die Kirche immer mehr auferbaut werde zur Wohnung Gottes im Geiste.

Missa Chrismatis, 11.4.1990 im Liebfrauendom zu München

Anteil an Christi Sendung

Anteil an der Sendung des Gesalbten

Im Evangelium hörten wir Jesus von sich sagen: *"Der Geist des Herrn ruht auf mir; denn der Herr hat mich gesalbt"* (Lk 4,18). Für Jesus gehören Salbung mit dem Heiligen Geist und Sendung für das Heil der Welt zusammen. Das gilt auch für die Apostel. An Pfingsten wurden sie mit dem Heiligen Geist gesalbt und in alle Welt hinausgesandt, den Menschen Christus zu bringen. Das ist auch heute noch so. Das gilt auch für uns. In der Firmung wurden wir mit Chrisam und mit Heiligem Geist gesalbt und dadurch zu Zeugen Christi bestellt, ausgesandt, Menschen für Christus zu gewinnen. In der Firmung sind wir alle Missionare geworden. Wir Priester wurden bei unserer Weihe nochmals mit Chrisam und Heiligem Geist gesalbt und dadurch noch tiefer in die Sendung Jesu Christi hineingestellt. Mit dem Chrisam, den wir heute abend weihen, werden wie im vergangenen Jahr auch in diesem Jahr wiederum junge Christen in unserem Bistum gefirmt und unsere Diakone zu Priestern geweiht. Der Chrisam macht uns bewußt, daß wir alle an Christi Sendung Anteil haben und somit unter einem missionarischen Auftrag stehen.

Dringlichkeit des missionarischen Auftrags

Eine solche Neubesinnung ist notwendig. Denn wir leben in einer Gesellschaft, in der sich viele von Christus und seiner Kirche abgewandt haben. Seit Ende der 60er Jahre sind vor allem viele junge Menschen aus der Kirche ausgewandert. Wie groß die Distanz ist, sehen wir daran, daß in der jungen Generation nur noch ein geringer Prozentsatz die Meinung vertritt, die Kirche könne ihnen zur Beantwortung ihrer Frage nach dem Sinn des Lebens etwas beisteuern. Welche Folgen der jahrelange Exodus aus der Kirche inzwischen gezeitigt hat, können

wir daraus ersehen, daß nicht einmal mehr ein Fünftel aller Jugendlichen in einem Elternhaus aufwächst, wo auf religiöse Erziehung bewußt Wert gelegt wird. Mehr als die Hälfte der Eltern, die heute Kinder erziehen, stehen der Kirche fern. Diese Entwicklung macht die Menschen nicht glücklicher. Im Gegenteil; denn zwischen Religion und Glück besteht ein Zusammenhang. Unter den Menschen mit religiöser Haltung sind viel mehr Glückliche und Zufriedene zu finden als unter denen, die sich von Kirche und Religion abgewandt haben. Das haben nicht wir Kirchenleute erfunden, das sagen uns die Soziologen, die diesen Zusammenhang immer wieder feststellen. So sieht die Gesellschaft aus, in der wir leben und an der wir unseren missionarischen Auftrag zu erfüllen haben.
Mission gibt es also nicht nur in fernen Ländern, unser eigenes Land ist auch zu einem Missionsland geworden.

Das Evangelium leben

Was ist zu tun, um diesem Auftrag gerecht zu werden? Zwei christliche Missionare, die sich in Indien vergeblich abgemüht hatten, Menschen für Christus zu gewinnen, wandten sich in ihrer Ratlosigkeit an Gandhi und fragten, was sie falsch machen. Gandhi antwortete: "Ihr müßtet mehr nach der Bergpredigt duften." Man könnte auch, weil es dasselbe ist, sagen: Ihr müßtet mehr nach Jesus Christus duften. Damit hat Gandhi auf etwas hingewiesen, was schon der heilige Paulus von seinem missionarischen Wirken sagte: *"[Gott verbreitet] durch uns den Duft der Erkenntnis Christi an allen Orten ... Denn wir sind Christi Wohlgeruch für Gott unter denen, die gerettet werden, wie unter denen, die verlorengehen"* (2 Kor 2,14f.). Bei uns müßte das auch so sein. Wir müssen, wenn wir missionarische Kirche sein wollen, nach Christus und seinem Evangelium, nach der Bergpredigt duften. Wer mit uns in Berührung kommt, muß Christus einatmen und in sich aufnehmen.

Pater Rupert Mayer, dieser Apostel Münchens, war Christi Wohlgeruch in unserer Stadt und hat unser Erzbistum mit dem Duft der Bergpredigt erfüllt. Wer ihm begegnete, kam mit Christus in Berührung. Bei ihm konnte er den Geist der Bergpredigt wie einen lebensspendenden Duft einatmen. Wie hat er das gemacht? Er sagt selbst: "Es muß Wärme von uns ausgehen, den Menschen muß es in unserer Nähe wohl sein, und sie müssen fühlen, daß der Grund dazu in unserer Verbindung mit Gott liegt." Mit dem Herrn verbunden müssen wir leben. Nur wenn wir mit ihm verbunden sind, können wir ihn auch ausstrahlen. Und je tiefer wir mit ihm verbunden sind, desto glaubwürdiger und kräftiger können wir ihn bezeugen. Das setzt aber voraus, daß wir selbst von Christi Geist durchdrungen sind und das Evangelium leben. Rupert Mayer war gelebtes Evangelium; daraus erwuchsen seine Ausstrahlung und die Fruchtbarkeit seines Wirkens.
Wir müssen also bei uns selbst beginnen, uns selbst missionieren, indem wir uns vom Geiste Christi salben und durchdringen lassen und so leben, daß durch uns Christus in Erscheinung tritt. Ihm nachzufolgen, bedeutet doch, so zu leben, wie er gelebt hat. Dann wird Christus durch uns sichtbar, und wir selbst werden wie der Apostel "Christi Wohlgeruch". Wo immer Menschen sich darum mühen, entsteht um sie herum ein Kraftfeld des neuen Lebens, das die Menschen zu Christus hinzieht. Jede Pfarrgemeinde, jede geistliche Gemeinschaft, jede christliche Familie müßte ein solches Kraftfeld um sich bilden, in dem Menschen zu Christus hingezogen werden.

Frucht auch auf steinigem Boden bringen

Diese missionarische Aufgabe ist uns allen aufgetragen, Priestern wie Laien. "Alle Christen müssen sich für die Seelen ihrer Mitbrüder und Mitschwestern verantwortlich fühlen", sagte Pater Rupert Mayer. Keiner kann sich aus dieser Verantwortung hinwegstehlen. Wir alle müssen nach der Bergpredigt duften. Wir alle müssen Christi Wohlgeruch sein. Wir müssen es sein in einer Welt, in der nicht nur giftige Stickoxyde die Luft verschmutzen und Krankheiten erregen, sondern auch geistige Gifte die Atmosphäre belasten und zersetzend auf die Seelen der Menschen, besonders der Kinder und Jugendlichen, einwirken.

Liebe Brüder im priesterlichen Amt, ich weiß, daß so mancher von Euch unter der Erfolglosigkeit seiner Mühen leidet. Viele haben das Gefühl, nicht im Weinberg des Herrn, sondern im Steinbruch des Herrn zu arbeiten. Die heiligen Öle, die Euch heute für Euren Dienst anvertraut werden, sind ein Zeichen der Ermutigung. Denn seltsamerweise sind die Ölbäume am fruchtbarsten, wenn sie auf steinigem und dürrem Boden wachsen. Im Buch Ijob ist sogar einmal die Rede von den "Ölbächen aus dem Felsen" (vgl. Ijob 29,6). Auch der steinige Boden, auf dem Ihr arbeitet, wird einmal Frucht bringen. Das setzt natürlich voraus, daß wir selbst nach der Bergpredigt duften und zum Wohlgeruch Christi werden. Von nichts kommt nichts.

Liebe Brüder und Schwestern: Nach dem Gottesdienst holen Sie die heiligen Öle und tragen sie hinaus in unser ganzes Bistum. Tragen wir nicht nur das duftende Öl hinaus in die Dekanate und Pfarreien! Seien wir auch selbst Boten Christi, die seinen Wohlgeruch verbreiten, den Wohlgeruch seiner Wahrheit, seines Lebens, seiner Liebe, und gewinnen wir so die Menschen für Jesus Christus, unseren Herrn!

Missa Chrismatis, 15.4.1987 im
Liebfrauendom zu München

Das Miteinander in der Sendung

"Der Geist Gottes, des Herrn, ruht auf mir; denn der Herr hat mich gesalbt" (Jes 61,1). Mit diesem Wort aus dem Buch des Propheten Jesaja offenbart sich Jesus in der Synagoge zu Nazareth als Messias, als der Christus, als der Gesalbte. Das Wort Messias stammt aus der hebräischen Sprache, Christus aus dem Griechischen; und beides heißt übersetzt der Gesalbte.
Jesus sagt auch, womit er gesalbt wurde: mit dem Geist Gottes: *"Der Geist des Herrn ruht auf mir"* (Lk 4,18). Jesus ist also vom Vater gesandt, in seinem Auftrag und in seiner Vollmacht der Welt das Heil zu bringen. Dazu wurde er mit dem Heiligen Geist gesalbt.

Teilhabe am königlichen Priestertum Christi

Auch wir sind Gesalbte. Bei unserer Taufe und wiederum bei unserer Firmung wurden wir mit Chrisam gesalbt. Das Chrisamöl ist ein Zeichen, das anzeigt, was bei Taufe und Firmung an uns geschehen ist: Jesus Christus hat den Geist, mit dem er gesalbt ist, auf uns weiterströmen lassen. So wurden auch wir mit seinem Geist gesalbt; wir wurden Gesalbte, das heißt Christen.
Weil wir teilhaben an Jesus Christus, haben wir auch teil an seinem königlichen Priestertum. *"Er hat uns zu Königen gemacht und zu Priestern vor Gott, seinem Vater"* (Offb 1,6), hörten wir in der Lesung. Und Petrus sagt: *"Ihr aber seid ein auserwähltes Geschlecht, eine königliche Priesterschaft, ein heiliger Stamm, ein Volk, das sein besonderes Eigentum wurde, damit ihr die großen Taten dessen verkündet, der euch aus der Finsternis in sein wunderbares Licht berufen hat"* (1 Petr 2,9).
Weil diese priesterliche Würde allen gemeinsam ist, die zum Gottesvolk gehören, sprechen wir vom gemeinsamen Priestertum.

Petrus sagt uns auch, welche Aufgabe uns dadurch übertragen ist: Wir sollen Gottes Großtaten verkünden. Die Welt muß an uns erfahren, was Gott Großes an uns getan hat: Wir sind Erlöste, Befreite. Wir sind frohe Menschen, weil Gottes Frohe Botschaft an uns ergangen ist. Wir leben aus Gottes Gnade, erleuchtet und geführt von Gottes Geist. All das Große, das Gott an uns getan hat, soll in unseren Taten durchscheinen und in unserem Leben sichtbar werden. Eine Erfahrung, die ich machen durfte, soll Ihnen das veranschaulichen. Ich habe vor kurzem aus einer Familie vier Kinder gefirmt, ein eigenes Kind und drei adoptierte. Diese Familie hat selbst fünf Kinder und dazu noch vier Kinder angenommen. Im Tun dieser Eltern wird etwas sichtbar von der Liebe Gottes, der uns alle als seine Kinder annimmt. Wie die vier Kinder in die Familie aufgenommen wurden und nun zu ihr gehören, so hat Gott uns durch die Salbung mit seinem Geist als seine Kinder angenommen. Wir gehören daher zu ihm und haben teil an der göttlichen Sohnschaft seines ewigen Sohnes. Miteinander bilden wir die Familie Gottes. Was Gott an uns getan hat und tut, soll durchscheinen in unseren Taten. Dazu sind wir bei unserer Taufe und Firmung mit Chrisam und Heiligem Geist gesalbt worden. Dadurch verkünden wir mit unserem Leben Gottes Großtaten. So üben wir unser königliches Priestertum aus.

Die besondere Sendung im Priestertum des Dienstes

Zu diesem Priestertum hat Jesus seiner Kirche noch ein anderes Priestertum eingestiftet. Das Konzil nennt es das Priestertum des Dienstes oder Amtspriestertum. Es wird in der Priesterweihe übertragen durch eine neue Salbung mit Heiligem Geist. Damit ist auch eine besondere Sendung verbunden. Der Priester soll in der Versammlung des Gottesvolkes Christus darstellen und in dessen Namen handeln. Denn Christus will auch heute jene Sendung an uns Menschen ausüben, mit der er vom

Vater in die Welt gesandt wurde. Das tut er durch den Dienst der Priester. Durch sie leitet er die Kirche, durch sie spendet er die Sakramente. Christus ist es, der uns bei der Eucharistie um seinen Tisch versammelt und bei dieser Feier den Vorsitz führt; Christus ist es, der tauft, der firmt, der uns von unseren Sünden losspricht, der unsere Kranken salbt.
Wenn der Priester in Christi Namen handelt, tut er dies nicht, weil er sich dafür die notwendigen Kenntnisse und Fertigkeiten erworben hat, sondern einzig deshalb, weil Christus ihn durch seinen Geist dazu ermächtigt hat. In der Kirche gibt es viele Dienste und Aufgaben, weil es viele Geistesgaben gibt. Wir brauchen sie auch. Denn sie alle dienen dem Aufbau des Leibes Christi. Wir sind dankbar für diese Vielfalt. Doch dürfen wir die Unterschiede nicht verwischen. Wie sonst im Leben kann auch in der Kirche nicht jeder alles tun, vielmehr muß jeder das Seine tun zum Aufbau des Ganzen.

Unersetzbarer Dienst

Um der Treue zu Christus willen müssen wir die Besonderheit des priesterlichen Dienstes anerkennen, der durch nichts ersetzt werden kann. Vor wenigen Tagen wurde in Rom ein Buch vorgestellt, das die Ehelosigkeit der Priester zum Gegenstand hat. Mutter Teresa hat dazu einen Beitrag geschrieben. Darin spricht sie über die Unersetzbarkeit des Priesters in der ihr eigenen Schlichtheit: "Ohne Priester haben wir Jesus nicht. Ohne Priester erhalten wir keine Absolution. Ohne Priester können wir die heilige Kommunion nicht empfangen." Der priesterliche Dienst ist deshalb unersetzbar, weil er eine von Christus seiner Kirche geschenkte besondere Form seiner Gegenwart und seines Heilshandelns ist.

Im Dienen einander zugeordnet

Das bedeutet nicht, die Priester seien den Laien übergeordnet. Sie sind ihnen nicht übergeordnet, sondern zugeordnet. Wie diese Zuordnung aussieht, zeigt uns Jesus am Gründonnerstag in der Fußwaschung. Er nimmt uns mit auf seinen Platz; das ist nicht der Platz derer, die den Herren spielen, sondern der Platz des Dieners, der letzte Platz. Nur in dieser Haltung können wir Priester die große und schöne Aufgabe erfüllen, für die uns der Herr mit seinem Geist gesalbt hat. Diesen seinen Geist halte der Herr stets in uns lebendig, daß wir unsere Sendung treu erfüllen und den Brüdern und Schwestern dienen, wie er uns gedient hat bis zur Hingabe seines Lebens!

Missa Chrismatis, 7.4.1993 in der
St. Ludwigskirche zu München

Mit Maria für Gott verfügbar

"'Siehe, ich bin die Magd des Herrn.' Wer dies gelernt und erfaßt hat, der hat das große Los gezogen."

Maria - die vollkommene Verwirklichung und Vorbild der Kirche

Liebe Brüder im geistlichen Amt, das hat einer von uns gesagt, der selige Pater Rupert Mayer. In diesem Wort drückt er seine eigene geistliche Erfahrung aus. Bilder der Münchener Fronleichnamsprozession zeigen ihn, wie er mit dem Rosenkranz in der Hand die Männer der Marianischen Kongregation anführt. Und als er ins Gefängnis kam und man ihm nur noch Zahnbürste, Kamm und Seife ließ, bestand er darauf, daß er mit seinem Brevier auch den Rosenkranz erhielt, den er täglich ganz betete und niemals ausfallen ließ. An der Hand Mariens und in der Haltung Mariens hat er für Christus gelebt und gearbeitet. An ihrer Hand und in ihrer Haltung ist er ins Gefängnis und ins Konzentrationslager gegangen und hat für Christus gelitten. An Mariens Hand und in Mariens Haltung ist er heilig geworden.

"'Siehe, ich bin die Magd des Herrn.' Wer dies gelernt hat, der hat das große Los gezogen." Diese seine geistliche Erfahrung gilt für alle Christen. Denn Maria ist die reinste Verkörperung von Kirche und damit Vorbild für alle, die zur Kirche gehören, für alle, die Kirche sind. Was Christsein heißt, ist in ihr am vollkommensten verwirklicht und daher an ihr am deutlichsten ablesbar.

Wir sind heute im Marianischen Jahr im Rahmen des Marianischen Weltkongresses als Priester und Diakone nach Kevelaer gekommen, um unsere himmlische Mutter zu ehren, sie um ihre Hilfe zu bitten und uns an diesem Gnadenort in unserm Dienst für den Herrn zu erneuern. Fragen wir darum Maria, was ihre Haltung, die sie mit dem Wort *"Ich bin die Magd des Herrn; mir geschehe, wie du es gesagt hast"* (Lk 1,38) ausgedrückt hat, für unser Leben und unseren geistlichen Dienst als Priester und Diakone bedeutet.

Im Dienst der Erlösung

Schauen wir zunächst auf Maria. Der Engel Gottes überbringt ihr die Botschaft, sie solle Mutter des Erlösers werden. Gott beruft Maria, einzutreten in den Dienst der Erlösung. Sie soll dies jedoch in Freiheit tun. Darum fragt Gott Maria: Bist du bereit?
Maria versagt sich nicht. Sie sagt ja und stellt sich zur Verfügung: "Ich bin die Magd des Herrn; mir geschehe, wie du es gesagt hast." Das ist nicht nur ein Wort, sondern eine Tat; eine Tat des Gehorsams und der Übereignung an Gott. Sie gehört von nun an nicht mehr sich selbst, sondern Gott, ganz und für immer. Das ist ihr Glaube. Sie vollzieht ihn nicht nur mit dem Verstand und Willen, sondern ganz und gar mit sich selbst. Verstehen kann sie das nicht. Es ist ein Schritt ins undurchdringliche Geheimnis Gottes, reiner Glaube. Gott handelt an ihr, und indem sie Gott handeln läßt, wird sie fähig, aktiv mitzuwirken. Gott wirkt, und sie tut mit. Was geschieht daraufhin? Gottes Geist erfüllt sie, und sie wird fruchtbar mit einer Fruchtbarkeit, die über alles Menschenmaß hinausgeht. Die Frucht ihres Glaubens und ihres Leibes ist Gottes eigener Sohn, der Erlöser der Welt. Durch ihren mütterlichen Dienst schenkt sie der Welt den Heiland. Mit der Geburt Jesu und ihrer Sorge für das Kind hört ihr mütterliches Wirken jedoch nicht auf. Sie geht mit ihrem Sohn durchs Leben. Und in den Jahren der äußeren Trennung während des öffentlichen Wirkens bleibt sie ihm zutiefst verbunden und wächst dabei immer tiefer in das Geheimnis ihres Sohnes hinein. Alles, was sie tut, ist auf ein Ziel ausgerichtet: daß die Menschen Jesus aufnehmen und gerettet werden; daß die Gabe, die Gott durch ihren mütterli-

chen Dienst den Menschen geschenkt hat, nun auch von den Menschen angenommen wird. Alles, was sie tut, tut sie in der Haltung der Magd des Herrn.
Als Magd des Herrn verweist sie bei der Hochzeit zu Kana die Jünger auf Jesus: *"Was er euch sagt, das tut!"* (Joh 2,5). Als Magd des Herrn steht sie unter dem Kreuz und harrt im Unbegreiflichen aus. Auf Kalvaria löst sie ein, was sie in Nazareth versprochen hatte: *"Mir geschehe, wie du es gesagt hast"* (Lk 1,38). Hier wird sie auf eine neue Weise in den Dienst der Erlösung gestellt, indem der sterbende Herr als letztes Vermächtnis uns seine Mutter zur Mutter gibt. Damit überträgt er ihr Mutterpflichten und Mutterrechte. Unter dem Kreuz wird die Mutter Jesu die Mutter der Kirche, unsere Mutter. Darum weilt sie auch an Pfingsten inmitten der Jünger. Als Magd des Herrn hatte sie sich in Nazareth dem göttlichen Geist geöffnet. Nun hilft sie durch ihr Beten und Beispiel mit, daß sich die um sie gescharte junge Kirche ebenso wie sie dem Heiligen Geist öffnet.
Was an jenem Pfingsten geschah, hat nicht aufgehört, sondern setzt sich in der Kirche fort, auch in der Kirche unserer Tage. Wie damals ist Maria auch in unserer Mitte. Sie hilft auch uns, uns dem Heiligen Geist zu öffnen, um Kirche zu sein und es immer mehr zu werden. Maria lebt inmitten der Kirche; daß uns Mariens Gegenwart in der Kirche wieder bewußt wird und als sorgende Mutter unseren Weg mit uns geht, ist doch das große Anliegen, das der Heilige Vater mit dem Marianischen Jahr verbunden hat.

Mit Maria fruchtbar im Dienst an der Erlösung

Wir haben nun auf Maria geschaut. Sie im Blick behaltend, schauen wir jetzt auf uns Priester und Diakone. Auch wir wurden von Gott berufen, einzutreten in den Dienst der Erlösung. Wie Maria in Nazareth geantwortet hat: *"Siehe, ich bin die Magd des Herrn; mir geschehe, wie du es gesagt hast"* (Lk 1,38), so haben auch wir bei unserer Weihe geantwortet: Adsum, ich bin bereit. Mit diesem Wörtchen "adsum, ich bin bereit" haben wir im Glaubensgehorsam unsere Hingabe an Gott vollzogen, ohne zu wissen, wie Gott einmal unsere Bereitschaft einfordern wird. Ohne dieses freie Ja der Bereitschaft nimmt Gott niemand in den Dienst der Erlösung hinein, weder Maria noch den Priester noch den Diakon.

Durch das, was Gott in der Weihe an uns gewirkt hat, wurden wir befähigt, aktiv mit ihm mitzuwirken. Als Paulus und seine Gefährten nach der ersten Missionsreise nach Antiochien zurückkehrten, geschieht nach dem Zeugnis der Apostelgeschichte folgendes: Sie *"riefen die Gemeinde zusammen und berichteten alles, was Gott mit ihnen zusammen getan ... hatte"* (Apg 14,27). Und im ersten Korintherbrief nennt Paulus sich und seine Helfer *"Gottes Mitarbeiter"* (1 Kor 3,9). Natürlich handelt es sich nicht um gleichrangige Mitarbeit. Gott hat die Initiative, er behält die Führung, er tut das Entscheidende. Darum muß der Mensch immer in jener Verfügbarkeit für Gott bleiben, wie sie uns Maria in ihrem Magdsein vorgelebt hat.

Was geschieht, wenn wir uns als Priester und Diakone in solcher Verfügbarkeit von Gott in den Dienst der Erlösung hereinnehmen lassen? Wir sehen es an der Gottesmutter: Wir werden vom Geist Gottes erfüllt, und eine göttliche Fruchtbarkeit wird uns geschenkt, die alles Menschenmaß hinter sich läßt. Maria hat durch ihren mütterlichen Dienst der Welt den Heiland geschenkt, und wir dürfen durch unseren priesterlichen Dienst, durch den Dienst am Wort und an den Sakramenten, Christus zu den Menschen tragen.

Mit Maria für Gott verfügbar

Auch bei uns kommt alles auf die marianische Haltung an. Sie ist die Bedingung, daß unser Tun fruchtbar wird. Ohne sie gibt es bei aller Betriebsamkeit nur

Leerlauf. Bei allem, was wir tun, gilt es, zuzulassen, daß Gott an uns und durch uns wirkt. Mit unseren Papierstößen und Sitzungen und neu zu suchenden Strategien der Seelsorge werden wir die Menschen nicht zu Jüngern Christi machen. Die erste Methode der Seelsorge ist nicht eine bestimmte Strategie, das sind wir selbst in unserer Verfügbarkeit für Gott, wie wir sie unübertrefflich bei Maria bewundern.
Tatjana Goritschewa berichtet in ihrem Buch "Die Kraft der Ohnmächtigen": "Ich habe vor kurzem mit einem Priester gesprochen, einem jungen Priester. Er arbeitete hier im Westen. Er hat alles versucht, die Jugend, die aus der Kirche weggeht, in die Kirche zurückzuholen. Er hat Arbeitskreise geschaffen, alles mögliche organisiert, jeden Tag bis abends zehn Uhr. Er hat fast nie geschlafen, ist abgemagert, nervös geworden, und es hat nichts geholfen.
Jetzt hat er gesagt, er habe Angst, überhaupt noch etwas zu tun. Jetzt sitzt er in den Ruinen einer zerstörten Kirche, eine kleine Gruppe von Christen um ihn herum. Er sitzt dort in den Ruinen und ist sozusagen ganz passiv und ganz Gott geöffnet, nur im Gebet, einfach in der totalen Passivität, in der er zuläßt, daß Gott wirkt. Und die Jugend kommt zu ihm. Hunderte kommen jeden Tag."

Ihn an uns und durch uns handeln lassen

Darauf kommt es zuerst an: Gott an uns und durch uns handeln lassen. Das ist es, was Maria uns Priester und Diakone lehrt. Lernen wir von Maria die Verfügbarkeit für Gott! Wie sie ihre einmalige und einzigartige Aufgabe im Dienst der Erlösung mütterlich erfüllt hat, so dürfen wir in geistlicher Vaterschaft Diener der Erlösung und Mitarbeiter Gottes sein. Möge der heutige Tag bei der Gottesmutter in Kevelaer diese Frucht in uns hervorbringen, daß wir Mariens Verfügbarkeit vor Gott immer in uns lebendig halten und immer mehr vertiefen und in dieser Haltung unseren Dienst verrichten! Dann haben wir, wie Pater Rupert Mayer sagt, das große Los gezogen. Dann wird unser Mühen nicht zum Leerlauf werden, sondern reiche Frucht tragen, Frucht, die bleibt in Ewigkeit.

Gottesdienst für Priester und Diakone anläßlich des Marianischen Weltkongresses, 16.9.1987 in Kevelaer

Treu im anvertrauten Dienst

(zum Goldenen und Silbernen Priesterjubiläum)

Rückblick in Dankbarkeit

Lukas berichtet uns, wie Jesus seine Jünger aussandte und wie sie wieder zurückkamen und voll Freude erzählten, was sie erfahren hatten: *"Herr, sogar die Dämonen gehorchen uns, wenn wir Deinen Namen aussprechen. ... In dieser Stunde rief Jesus, vom Heiligen Geist erfüllt, voll Freude aus: Ich preise dich, Vater, Herr des Himmels und der Erde, weil du all das den Weisen und Klugen verborgen, den Unmündigen aber offenbart hast. Ja, Vater, so hat es dir gefallen"* (Lk 10,17.21).

Vor 50 und 25 Jahren wurden Sie von hier ausgesandt wie die Jünger, von denen der Evangelist spricht, mit dem gleichen Auftrag, von Jesus ausgesandt. Heute kehren Sie zurück zu Jesus, um ihm zu berichten, was Sie in diesen 50 und 25 Jahren priesterlichen Dienstes erfahren haben: Unzähligen Menschen haben wir dein Wort verkündet; Tag für Tag mit den Gläubigen die Eucharistie gefeiert; Kinder getauft, Ehen gesegnet, Kranke getröstet und Sterbenden beigestanden mit den Gnadengaben, die du uns anvertraut hast; den Gläubigen deinen Leib gereicht; Sünder in deinem Namen von der Last der Sünde befreit; junge Menschen zu dir geführt, die Jugend glauben und beten gelehrt; täglich für die mir Anvertrauten gebetet.

Vieles haben Sie dem Herrn zu berichten. Und wie damals wird er auch in dieser Stunde über Sie und Ihren Dienst in Jubel ausbrechen und rufen: *"Ich preise dich, Vater, Herr des Himmels und der Erde"* (Lk 10,21). Nicht nur Sie jubilieren heute, Jesus jubelt mit Ihnen.

Erweis der Liebe in der Kreuzesnachfolge

Wenn Sie auf diese 50 und 25 Jahre zurückschauen, sehen Sie auch Mühsal, Last, Enttäuschung, Müdigkeit, innere Kämpfe und Versuchungen. Aber gehört das nicht zu unserem Dienst und unserer Sendung? Augustinus sagt: "Wer zum Dienste Gottes hinzutritt, der wisse, daß er zur Kelter gekommen ist: Er wird bedrängt, niedergetreten, zerstampft, aber nicht, um in dieser Welt zugrunde zu gehen, sondern um hinüberzufließen in die Weinkammern Gottes." Dasselbe sagt der Herr: *"Seht, ich sende euch wie Schafe mitten unter die Wölfe"* (Mt 10,16) und: *"Wer mein Jünger sein will, ... nehme sein Kreuz auf sich"* (Mt 16,24). Liebe Brüder, Sie haben 50 und 25 Jahre dieses Kreuz getragen, die Mühsal der Seelsorge, die Enttäuschung, und Sie sind treu geblieben in Ihrer Sendung. Auch darüber freut sich heute der Herr und preist darob den Vater.
Ist doch gerade diese Treue im Ertragen der Mühsal und des Kreuzes ein Erweis Ihrer Liebe, die Sie am Weihealtar dem Herrn versprochen haben, wie Petrus, als er zum Hirten bestellt wurde: *"Herr, du weißt alles; du weißt, daß ich dich liebhabe"* (Joh 21,17). Ja, das Leid Ihres seelsorglichen Dienstes ist Zeichen und Teilhabe an der Erlöserliebe Christi. Paulus sagt uns: *"Jetzt freue ich mich in den Leiden, die ich für euch ertrage. Für den Leib Christi, die Kirche, ergänze ich in meinem irdischen Leben das, was an den Leiden Christi noch fehlt"* (Kol 1,24). In der Kraft des Kreuzes hat Ihr Kreuz heilende Kraft. Dafür dankt Christus dem Vater. In dieser Eucharistiefeier dankt er mit uns allen dem Vater.

Erneuern der Sendungsgnade

Hier an unserem Weihealtar wollen wir die Gnade Gottes aufs neue entfachen, wie der Apostel den Timotheus und mit ihm uns alle ermahnt: *"Entfache die Gnade Gottes wieder, die dir durch die Auflegung meiner*

Hände zuteil geworden ist" (2 Tim 1,6). Das heißt auch: uns neu senden lassen. Der Geist Gottes, der bei der Weihe hier auf uns herabgerufen wurde, soll uns aufs neue mit seiner Feuersglut berühren und die Gnade der Weihe in uns neu entfachen; voll Zuversicht und Vertrauen wollen wir dann wieder von hier zurückkehren auf den Platz, auf den Gott uns gestellt hat.
"Gott hat uns nicht einen Geist der Verzagtheit gegeben, sondern den Geist der Kraft, der Liebe und der Besonnenheit" (2 Tim 1,7). Es ist der Geist kraftvoller Zuversicht, der der Gefahr und der Versuchung zur Resignation wehrt. Wir mühen uns ab und sehen keinen Erfolg; wir fühlen uns überfordert; wir sehen uns Ansprüchen ausgesetzt, denen wir nie gerecht werden können. Vergessen wir nie: Christi Geist verbindet uns mit dem Herrn. In der Verbindung mit Christus gibt es kein Umsonst, ist alles fruchtbar. Wir können allerdings die Früchte unseres Mühens oft nicht sehen. Bei Christus war das nicht anders. Unter dem Kreuz schien alles umsonst. Erst nach Ostern und Pfingsten begann die Saat zu keimen. Und erst am Ende der Zeiten wird die Ernte eingebracht. Resignation wird nur dort mächtig, wo wir Menschen mehr auf uns als auf den Heiligen Geist bauen, mehr unserer Geschicklichkeit als der Kraft des Heiligen Geistes zutrauen. Wir haben bei der Weihe *"nicht einen Geist der Verzagtheit ..., sondern den Geist der Kraft, der Liebe und Besonnenheit"* (2 Tim 1,7) empfangen. Das macht uns gefeit gegen Mutlosigkeit und Resignation.

Wertvoller Schatz für die Kirche

Schauen wir auf die Apostel, die Zwölf: Jesus sendet sie in alle Welt; mit nur einer Ausrüstung: mit dem Heiligen Geist. Ihn haben auch wir.
Lassen wir uns daher nicht müde und mürbe machen von der Banalität des Lebens in der Gesellschaft, wodurch unser seelsorglicher Dienst oft so schwer wird.

Halten wir die heilige Flamme der Anbetung und der Gottesliebe hoch und weihen wir andere ein.
Damit meine ich nicht nur Sie, die Sie vor 25 Jahren geweiht wurden, sondern ebenso auch Sie, die Sie bereits auf 50 Jahre priesterlichen Dienstes zurückschauen dürfen. Sie wurden 1938 nicht nur für die Zeit bis zu Ihrer Pensionierung geweiht, sondern für immer. Sie werden daher als Priester auch immer gebraucht, auch wenn Ihre Kräfte schwinden und ein äußerer Einsatz in der Seelsorge nicht mehr möglich ist. Ihr glaubensstarkes Gebet, das geduldige Ertragen der Beschwerden und Leiden des Alters, das Teilnehmenlassen an Ihren geistlichen Erfahrungen: Durch all das leisten Sie der Kirche einen wertvollen priesterlichen Dienst. So sind Sie ein Schatz für die Kirche, für unser Bistum.

Im Angesicht des heiligen Korbinian

Auf dem Hochaltar steht der Schrein mit den Gebeinen des heiligen Korbinian wie bei der Weihe. Sie wurden vor 50 und 25 Jahren gleichsam im Angesicht des heiligen Korbinian geweiht. Schauen wir auf diesen heiligen Priester und Bischof, der stark war im Glauben. Schauen wir nicht auf die Schilfrohre, die vom Wind hin- und hergebogen werden; sonst werden auch wir Schilfrohre. Seien wir wie Korbinian stark im Glauben und treu in dem uns anvertrauten Dienst! Wenn dann das Netz des Menschenfischers, das wir auswerfen dürfen, ans Gestade der Ewigkeit gezogen wird, dann wird es ebenso prall gefüllt sein wie das Netz des Petrus beim reichen Fischfang (Lk 5,1-11). Dann werden wir nicht nur einen Jubiläumstag feiern, wir werden auf ewig jubeln vor Gott und ihm danken. Und unser Hohepriester Jesus Christus wird mit uns jubeln und dem Vater danken in alle Ewigkeit.

Gottesdienst mit den Goldenen und Silbernen Priesterjubilaren, 1.7.1988 im Mariendom zu Freising

Identität im priesterlichen Dienst

Am 23. November 1918, in den wirren Tagen nach dem Ende des Ersten Weltkrieges, ermutigte Kardinal Michael Faulhaber die Priester, sich verbandlich zusammenzuschließen, um gemeinsam die Rechte und Aufgaben ihres Standes wahrzunehmen. Der Aufruf des Kardinals wurde verstanden. In allen bayerischen Diözesen entstanden die Priestervereine. Und im Dezember 1919 schlossen sie sich zum Klerusverband zusammen.

Gemeinsame Teilhabe am Priestertum Christi

In diesen 75 Jahren stand der Klerusverband stets treu zu den Bischöfen. Dafür danke ich Ihnen heute bei dieser Jubiläumsfeier auch im Namen meiner Mitbischöfe, und ich darf dies ebenso im Namen unserer Vorgänger tun. Ich danke vor allem den Verantwortlichen des Klerusverbandes für alle Hilfe, die unseren Priestern durch den Verband zuteil geworden ist.

1919 waren es gesellschaftspolitische Umstände, die den Zusammenschluß der Priester veranlaßten. Das Zweite Vatikanische Konzil hat uns dann die Augen geöffnet für die tiefe Verbundenheit, in der wir zueinander gehören. Sakramentale Bruderschaft nennt das Konzil das Presbyterium eines Bistums. Als Priester gehören wir aber auch über die Bistumsgrenzen hinaus zueinander, nicht weil wir uns zusammengeschlossen haben, sondern weil Jesus Christus uns durch die sakramentale Teilhabe an seinem Priestertum zusammengefügt hat.

75 Jahre sind seit der Gründung vergangen. Zu den alten Standesaufgaben ist eine neue gekommen, die fundamentale Bedeutung besitzt. Wir müssen uns auf die Identität unseres Priestertums besinnen und sie vor Entstellung und Verfälschung schützen. Zu viele machen

sich heute ein falsches Bild vom Priestertum, und selbst in unseren Kreisen ist so mancher verunsichert.

Dienst am Heil der Welt

Schauen wir zunächst auf das Feld, in dem wir zu wirken haben. Wir sind gesandt zum Dienst in der Kirche, und zwar in einer Welt und an einer Welt, die ist, wie sie ist. Wir leben in keiner heilen Welt, eher in einem Jammertal, auch wenn man das heute nicht gern hört. Vor 50 Jahren haben wir in unserem Land Trümmer, Not und Elend und viel Leid erlebt. Und wer genug Sehkraft besitzt, aus den Fenstern unserer Wohlstandsgesellschaft hinauszuschauen in die von Hunger und Kriegslärm erfüllte Welt, wird ein großes Jammertal sehen.

In dieser Welt lebt die Kirche, nicht abgeschottet in einem Ghetto, sondern in Schicksalsgemeinschaften mit ihr. "Freude und Hoffnung, Trauer und Angst der Menschen von heute, besonders der Armen und Bedrängten aller Art, sind auch Freude und Hoffnung, Trauer und Angst der Jünger Christi" (Gaudium et Spes 1). Mit diesen uns allen bekannten Worten beginnt das Konzil die Pastoralkonstitution, in der es die Aufgaben der Kirche in der Welt von heute beschreibt. Als Pilgerin ist sie unterwegs auf der blutbefleckten Straße der Geschichte, noch nicht ohne Makel und Runzel, sondern beladen mit der Schwäche und den Sünden der Menschen. Gott verzichtet auf das machtvolle Durchsetzen seiner Herrschaft. Er respektiert die Freiheit des Menschen mit allen Konsequenzen; darum waren auch Dachau und Auschwitz möglich. Dennoch ist und bleibt er der Herr der Geschichte, auch wenn sich sein Heilswirken in ihr verbirgt.

Das Heil ist gewirkt durch Jesus Christus am Kreuz, aber noch nicht überall angekommen. Die Kräfte des Heils sind bereits wirksam, aber immer auch noch die Kräfte des Unheils, des Bösen. *"Euer Widersacher, der*

Teufel, geht wie ein brüllender Löwe umher" (1 Petr 5,8). In dieses Ringen sind wir hineingestellt, als Priester sogar in vorderster Front. Unser Arbeitsfeld ist also ein Schlachtfeld, auf dem es um Heil und Unheil geht. Der Ausgang dieses Kampfes ist grundsätzlich nicht mehr offen, weil Christus in Kreuz und Auferstehung bereits gesiegt hat. Wir aber stehen noch im Ringen, bis auch wir *"an der Herrlichkeit teilhaben ..., die sich offenbaren wird"* (1 Petr 5,1).
Nicht in einer erträumten Kirche haben wir also unseren priesterlichen Dienst zu tun, sondern in einer Kirche, die um das Heil der Welt zu ringen hat. Wir müssen darum die Realität von Kirche und Welt sehen, wie sie ist, aber auch die Realität Jesu Christi. Denn sie ist entscheidend für unsere priesterliche Identität.
Die Wirklichkeit Jesu Christi erschließt sich uns nur im Glauben, wie Petrus ihn im heutigen Evangelium bekannt hat: "Du bist der Messias, der Sohn des lebendigen Gottes!" (Mt 16,16).

"An Christi Statt"

Unsere priesterliche Identität besteht darin, daß Christus uns in der Priesterweihe so in seinen Dienst genommen hat, daß er durch uns handelt und wir, wie der Apostel sagt, *"an Christi Statt"* (2 Kor 5,20) wirken dürfen. Er selbst hat uns in die Sendung hineingenommen, mit der er vom Vater in die Welt gesandt wurde, um allen das Heil zu bringen. *"Wie mich der Vater gesandt hat, so sende ich euch"* (Joh 20,21). In seinem Namen haben wir etwas zu tun, was nur er tun kann: die Menschen zum Vater zu führen. Wir können es nicht, aber er tut es durch uns. So tief hat er unser priesterliches Wirken an sich und seine Sendung gebunden.
Darum sind wir nie allein. Jesus sagt von sich: *"Er, der mich gesandt hat, ist bei mir; er hat mich nicht allein gelassen, weil ich immer das tue, was ihm gefällt"* (Joh 8,29). Uns geht es nicht anders. Der Herr, der uns ge-

sandt hat, ist immer bei uns. Er läßt uns nie allein. Voraussetzung ist, daß wir tun, was ihm gefällt. Jesus hat uns dies ausdrücklich zugesagt: *"Ich bin bei euch alle Tage bis zum Ende der Welt"* (Mt 28,20).

Unter dem Geheimnis des Kreuzes

Die tiefe Verbundenheit mit Jesus, die uns in der Priesterweihe geschenkt wurde, muß nicht nur theologisch gewußt, sie muß auch existentiell gelebt werden. Unser Tun und unser ganzer Lebensstil müssen von Christus geprägt sein.

Er ist der Auferstandene zur Rechten des Vaters, der uns in seinen Dienst genommen hat. Aber er geht mit uns nochmals seinen Weg auf dieser Erde. Jesu irdischer Lebensweg war vom Kreuz gezeichnet. Das gilt auch für uns. "Stelle dein Leben unter das Geheimnis des Kreuzes", sagt der Bischof bei der Weihe den Neupriestern.

Jesus Christus hat Knechtsgestalt angenommen, um das Heil der Welt zu wirken. An seiner Knechtsgestalt haben wir Anteil, um sein Heil, ja ihn selbst zu den Menschen unserer Tage zu bringen.

Unsere priesterliche Existenz ist vom Schicksal Jesu, das im Zeichen des Kreuzes stand, nicht abzulösen. Aber gerade darin liegt das Geheimnis unserer Fruchtbarkeit. Ist doch das Heil der Welt aus dem Kreuz des Herrn hervorgewachsen. Sind die Stunden, die wir als Scheitern erleben, vielleicht nicht die fruchtbarsten Stunden unseres Wirkens? Die Geschichte zeigt uns, daß eine satte Kirche nicht mit Fruchtbarkeit gesegnet ist. Das gleiche gilt auch für uns Priester.

Vor 50 Jahren war Pater Augustin Rösch Jesuitenprovinzial in München, der Ordensobere von Pater Rupert Mayer und Pater Alfred Delp, einer der bedeutendsten Gegner des Nationalsozialismus. Am 11. Januar 1945 wurde er von der Gestapo verhaftet und nach Berlin gebracht. Dort wollten sie ihn aufhängen. Der Befehl zur

Ermordung war erteilt. Es kam nicht mehr dazu, weil die russischen Truppen immer näher an das Gefängnis herankamen und die Henker flüchteten. In jenen Wochen, da er stündlich mit dem Tod rechnen mußte, hat er gegen alles Verbot priesterlich an seinen Mitgefangenen gewirkt: ihnen heimlich die heilige Kommunion gereicht, Beichte gehört, in einem nur mit einem flackernden Kerzenlicht erhellten Kellerloch Versöhnung mit Gott und der Kirche gefeiert, Menschen auf den Tod vorbereitet. Nach der Befreiung schrieb er nieder: "Ich habe nie in meinem Priesterleben so lebendig und so beglückend erfahren, welch tiefe Schätze der Herrgott uns im katholischen Priestertum geschenkt hat."

Auch uns müssen die Augen aufgehen, auf daß wir erkennen, welch tiefe Schätze uns Jesus in die Hände gelegt hat, was es heißt, Priester Jesu Christi zu sein und in seinem Namen priesterlich wirken zu dürfen.

Ihn erfahrbar machen

Er hat uns durch die Weihe in Dienst genommen, daß wir ihn inmitten seiner Gemeinde darstellen, gleichsam sichtbar machen. Durch unser Wirken dürfen wir die Menschen mit Christus in Berührung bringen. Durch unseren Mund will er den Menschen sein Evangelium verkünden, durch unsere Hände ihnen das Heil schenken. Bedenken wir, wie vielen Menschen wir schon den Weg des Lebens gezeigt haben. Mit dem Auferstandenen Herrn vereint, haben wir Freude verschenkt und Kraft gespendet und sind dadurch selbst beglückt und gestärkt worden.

Im Gegenüber von geistlichem Amt und Gemeinde wird Christus dargestellt als Haupt und Herr seiner Kirche. Durch dieses Gegenüber wird die Gemeinde aus aller Selbstbezogenheit und Selbstgenügsamkeit aufgebrochen und auf Christus hin geöffnet. Das Wirken des Priesters wird dabei geradezu zur Einbruchstelle Jesu in seine

Gemeinde. Daraus erwächst die Lebendigkeit der Kirche und das Miteinander der vielen in der Einheit des Gottesvolkes und des Leibes Christi.
Diesen Dienst am Volk Gottes leisten wir Priester um so wirksamer, je transparenter wir für Christus werden. Durch uns, die wir an Christi Statt stehen dürfen, sollen die Menschen zu Christus gelangen.
Der Dienst des Priesters ist durch nichts zu ersetzen, weil das, was Christus durch ihn tut, durch nichts ersetzt werden kann. Lassen wir uns nicht verunsichern oder entmutigen! Sondern bringen wir Christus durch unser Leben und unser Tun zum Leuchten!
Denn die Welt braucht Christus, auch wenn wir in der Seelsorge immer wieder die bedrückende Erfahrung machen, daß viele von ihm nichts wissen wollen oder leben, als ob es Gott nicht gäbe. Die Zeit wird kommen, da eine kranke Welt nach der heilenden Kirche ruft. Unsere priesterliche Aufgabe ist es, die Menschen an die Quelle des Heiles zu führen, zu Jesus Christus, unserem Herrn. Erfüllen wir treu den Dienst, mit dem uns der Herr betraut hat! Dann gehen wir in eine gute Zukunft. Denn er, der in seiner Auferstehung den Tod überwunden hat, ist alle Tage bei uns.

Festgottesdienst anläßlich des 75jährigen Bestehens des Klerusverbandes e.V. in Bayern, 22.2.1995, in St. Klara, Nürnberg

Bischof

"In der Mitte der Ihrigen wie
Diener, gute Hirten
und wahre Väter"

(Christus Dominus 16)

Zum "Zeugen seiner Auferstehung" bestellt

Die Apostelgeschichte berichtet uns, wie in der Zeit zwischen Ostern und Pfingsten Matthias zum Apostel bestellt wurde. Petrus ergriff das Wort: *"Einer von den Männern, die die ganze Zeit mit uns zusammen waren, als Jesus, der Herr, bei uns ein und aus ging, ... einer von diesen muß nun zusammen mit uns Zeuge seiner Auferstehung sein"* (Apg 1,21f.). Dann stellten sie Kandidaten auf und beteten zu Gott, er möge zeigen, wen er erwählt hat. Sie warfen das Los. *"Das Los fiel auf Matthias, und er wurde den elf Aposteln zugerechnet"* (Apg 1,26).

Auch wir stehen heute in der Zeit zwischen Ostern und Pfingsten. Wie damals Matthias in das Apostelkollegium aufgenommen wurde, so wird heute einer aus unserer Mitte in das Bischofskollegium aufgenommen, welches die Nachfolgerschaft jenes Apostelkollegiums ist.

In der Nachfolge des Apostelamtes

Lieber Bruder, die Wahl ist auf Dich gefallen. Alle anwesenden Bischöfe werden Dir nachher die Hände auflegen. Wir werden über Dich beten. Während wir diesen Dienst an Dir vollziehen, wird Gott selbst wirksam und Dir das Bischofsamt übertragen. Was in der Bischofsweihe geschieht, ist ja nicht unser Werk, also Menschenwerk, sondern Gottes Werk. Was der Herr in dieser Stunde an Dir wirkt, zeigt er uns an dem, was er an Ostern an den Aposteln gewirkt hat. Am Abend des Ostertages trat der Auferstandene in die Mitte seiner Jünger und sprach: *"Friede sei mit euch! Wie mich der Vater gesandt hat, so sende ich euch. Nachdem er das gesagt hatte, hauchte er sie an und sprach zu ihnen: Empfangt den Heiligen Geist!"* (Joh 20,21f.). Der auferstandene Herr tritt nun auch in unsere Mitte und spricht zu Dir: *"Friede sei mit* Dir!" *"Wie mich der Vater gesandt hat, so sende ich* Dich." Er gibt Dir also Anteil an jener Sendung, mit der ihn der Vater in die Welt gesandt hat und an der er den Aposteln Teilhabe gewährt hat. Er wird auch Dich anhauchen und Dir auf neue Weise den Heiligen Geist schenken, wie er es am Ostertag bei den Aposteln getan hat. Dies wirkt der Herr nun durch den Dienst, den wir Bischöfe durch Gebet und Auflegung der Hände an Dir vollziehen. Dadurch wirst Du in das Kollegium der Bischöfe aufgenommen, wie damals Matthias in das Kollegium der Apostel aufgenommen worden ist.

Zum Zeugen der Auferstehung bestellt

Brüder und Schwestern, was ist nun die Aufgabe des neugeweihten Bischofs? Petrus sagte bei der Wahl des Matthias: Er muß *"zusammen mit uns Zeuge seiner Auferstehung sein"* (Apg 1,22). Das Gleiche gilt auch heute. Der neue Bischof muß zusammen mit uns Bischöfen Zeuge der Auferstehung Christi sein. Ich werde ihm nachher das Evangelienbuch auf das Haupt und die Schultern legen zum Zeichen dafür, daß er zum Zeugen der Frohen Botschaft von der Auferstehung des gekreuzigten Herrn bestellt ist. Dieses Zeugnis wird er nicht nur durch das Wort der Verkündigung ablegen, sondern auch durch sein ganzes Leben. In all den Mühen und Sorgen, in allen Bedrängnissen und Leiden des Aposteldienstes, die auch unserem neuen Weihbischof nicht erspart bleiben, muß die Kraft der Auferstehung Christi zum Leuchten kommen. Was das heißt, sagt uns der Apostel Paulus aus seiner eigenen Erfahrung: *"Von allen Seiten werden wir in die Enge getrieben und finden doch noch Raum; wir wissen weder aus noch ein und verzweifeln dennoch nicht; wir werden gehetzt und sind doch nicht verlassen; wir werden niedergestreckt und doch nicht vernichtet. Wohin wir auch kommen, immer tragen wir das Todesleiden Jesu an unserem Leib, damit auch das Leben Jesu an unserem Leib sichtbar wird. Denn immer werden wir, obgleich wir leben, um Jesu willen dem Tod ausgeliefert, damit auch das Leben Jesu an unserem sterblichen Fleisch offenbar wird. ... Denn wir wissen, daß der, welcher Jesus, den Herrn, auferweckt hat, auch uns mit Jesus auferwecken und uns zusammen mit euch (vor sein Angesicht) stellen wird"* (2 Kor 4,8-14).

Wie der Apostel muß auch der Nachfolger der Apostel sein Leben und Wirken zu einem Zeugnis für den auferstandenen Herrn machen. Indem er dies tut, geschieht etwas Großes: Christus wird durch ihn inmitten der Gläubigen anwesend. So lehrt es das Zweite Vatikanische Konzil: "In den Bischöfen, denen die Priester zur Seite stehen, ist also inmitten der Gläubigen der Herr Jesus Christus, der Hohepriester, anwesend" (Lumen Gentium 21). Der auferstandene Herr, der am Osterabend in die Mitte seiner Jünger trat und sie beschenkte, tritt durch den Dienst des Bischofs auch in unsere Mitte, um uns mit seinem Frieden, seiner Freude, seinem Heiligen Geist, mit sich selbst zu beschenken. Im Bischofsamt geht es nicht darum, einzelne Menschen mit besonderen Würden und Ehren auszustatten, sondern darum, daß Christus bezeugt und in unserer Mitte gegenwärtig wird. Im Bischofsamt geht es also um Jesus Christus. Genau genommen gibt es in der Kirche gar keine Vielzahl von Bischöfen und Hirten. Der heilige Petrus schreibt: *"Ihr hattet euch verirrt wie Schafe, jetzt aber seid ihr heimgekehrt zum Hirten und Bischof eurer Seelen"* (1 Petr 2,25). Jesus Christus ist der Gute Hirt und Bischof seiner Kirche. Hirten und Bischöfe gibt es nur, weil sie in der Nachfolge der Apostel Anteil haben an der Sendung des einen Bischofs und Hirten Jesus Christus.

Die Liebe des Guten Hirten erfahrbar machen

Die Kirche feiert heute den Sonntag des Guten Hirten. Lieber Bruder, an diesem Tag empfängst Du durch die Bischofsweihe Anteil an der Sendung des Guten Hirten. Im Evangelium hörten wir den Herrn sagen: *"Meine Schafe hören auf meine Stimme; ich kenne sie, und sie folgen mir. Ich gebe ihnen ewiges Leben"* (Joh 10,27f.). Was der Herr in diesen Worten von sich sagt, das will er durch Dich verwirklichen. In Deinen Worten will er selbst zu den Menschen sprechen, durch Deinen Mund sollen sie seine Stimme hören. Durch Deinen Dienst will er den Menschen zeigen, daß er sie kennt, daß er um ihre Sorgen und Nöte weiß und daß er sie liebt. So sehr sollst Du von Jesus Christus erfüllt sein, daß die Menschen ihm folgen, wenn sie sich auf Dein Wort und Vorbild einlassen. Dadurch wird der Herr durch Dein bischöfliches Wirken an den Deiner Sorge anvertrauten Menschen wahr machen, was er im Evangelium sagt: *"Ich gebe ihnen ewiges Leben"* (Joh 10,28). Das also ist Deine Aufgabe: Zusammen mit uns sollst Du Zeuge seiner Auferstehung sein und die Liebe des Guten Hirten hintragen zu den Menschen.

Petrus als Vorbild

Erfülle Deinen Dienst in unerschütterlichem Vertrauen auf den Herrn. Petrus soll Dir dabei Vorbild sein. Die ganze Nacht hatte er sich abgemüht und nichts gefangen. Als der Herr am Morgen zu ihm sagt: *"Fahr hinaus auf den See! Dort werft eure Netze zum Fang aus!"* (Lk 5,4), bringt er keine Einwände vor. Obwohl alle Erfahrung gegen einen Fischfang spricht, fährt er hinaus, nicht im Vertrauen auf das eigene Können, sondern im Vertrauen auf den Herrn: *"Doch wenn du es sagst, werde ich die Netze auswerfen"* (Lk 5,5). Auf das Wort des Herrn ist Verlaß. Er hat dem Petrus einen überreichen Fischfang geschenkt. *"Sie fingen eine so große Menge Fische, daß ihre Netze zu reißen drohten"* (Lk

5,6). Die Verheißung des reichen Fischfangs gilt auch Dir. Wenn Dein Lebensschifflein einmal am Gestade der Ewigkeit anlegt, wirst auch Du wie Petrus ein zum Zerreißen volles Netz ans Ufer ziehen, Menschen, die der Gute Hirte durch Deinen Dienst in sein ewiges Leben geführt hat.
Das wünschen wir Dir von Herzen, wir Bischöfe, Priester und Diakone und das ganze hier versammelte Volk Gottes.

Bischofsweihe von Weihbischof Engelbert Siebler, 20.4.1986 im Liebfrauendom zu München

Lebendiges Zeichen der Gegenwart Christi

Zwischen der Himmelfahrt des Herrn und dem Pfingstfest erhob sich Petrus inmitten der Urgemeinde zu Jerusalem und leitete die Wahl des neuen Apostels. Denn das Apostelkollegium mußte auf seine Zwölfzahl ergänzt werden. Petrus nennt die Aufgabe, die der zu Erwählende übernehmen muß: Zusammen mit uns muß er Zeuge der Auferstehung Jesu Christi sein (Apg 1,22).

Gott allein erwählt

Die Versammlung trifft nicht selbst die Auswahl. Sie suchen zwar Kandidaten aus, aber die Erwählung für dieses Amt ist Sache Gottes. Darum beten sie: *"Herr, du kennst die Herzen aller; zeige, wen von beiden du erwählt hast, diesen Dienst und dieses Apostelamt zu übernehmen"* (Apg 1,24f.). Das Los fiel auf Matthias, und er wurde den elf Aposteln zugerechnet.

Was damals in Jerusalem geschah, öffnet uns das Verständnis für das, was in dieser Stunde in der Frauenkirche geschieht. Das Bischofskollegium ist die Nachfolgeschaft des von Jesus eingesetzten Apostelkollegiums. So lehrt das Konzil, "daß die Bischöfe aufgrund göttlicher Einsetzung an die Stelle der Apostel als Hirten der Kirche getreten sind" (Lumen Gentium 20). Wie damals Matthias dem Apostelkollegium eingefügt wurde, wird heute durch die Weihe unser Bruder Bernhard Haßlberger dem Bischofskollegium hinzugefügt.

Das Bischofsamt wird nicht von Menschen verliehen, sondern von Gott. Er ist es, der erwählt. Bei Matthias wurde dies durch das Los offenbar. Heute geschieht dies durch ein geordnetes Verfahren, das zur Ernennung des Erwählten durch den Nachfolger Petri führt. Bei diesem Verfahren geht es nicht darum, Macht oder Ehre zu verteilen, sondern einzig darum, zu erkennen, wen

der Herr für diesen Dienst erwählt hat und wem er die schwere Verantwortung aufbürden will, die mit diesem Amt verbunden ist.
Diesmal fiel das Los auf Bernhard Haßlberger. In der Ernennung durch den Nachfolger Petri, die uns zu Beginn des Gottesdienstes verlesen wurde, wird seine Erwählung durch Gott kundgetan. Gott wirkt durch Menschen. So ist das in der Kirche, auch jetzt in der Weihehandlung.
Wir Bischöfe werden nachher unserem erwählten Mitbruder nach apostolischem Brauch die Hände auflegen. Und dann richten wir im Weihegebet an den himmlischen Vater die Bitte: "Gieße jetzt aus über deinem Diener, den du erwählt hast, die Kraft, die von dir ausgeht, den Geist der Leitung." Gott selbst ist es, der durch unsere Handauflegung und unser Gebet unserem Mitbruder das Bischofsamt verleiht. So groß ist, was in der Bischofsweihe geschieht, daß nur Gott es wirken kann.

Maßgeblicher Zeuge des Auferstandenen

Die Aufgabe des neuen Bischofs wird es sein, wie Petrus vor der Matthiaswahl gesagt hat, zusammen mit uns Bischöfen Zeuge der Auferstehung zu sein. Die Apostel sind dem Auferstandenen unmittelbar begegnet, sie haben mit ihm gegessen und getrunken, sie konnten ihn berühren. So wurden sie für die Kirche die maßgeblichen Zeugen des auferstandenen Herrn.
Das Christuszeugnis der Apostel muß in der Kirche stets lebendig bleiben. Davon lebt der Glaube. Als Nachfolger der Apostel sind die Bischöfe Garanten, daß der Glaube der Kirche heute mit dem Glauben der Apostel übereinstimmt. Sie sind somit Garanten dafür, daß wir durch den Glauben mit Jesus verbunden sind, der unter Pontius Pilatus in Jerusalem gekreuzigt und begraben wurde und am dritten Tage glorreich von den Toten erstanden ist.

Der Christusglaube, den die Apostel verkündet haben, hat seinen Niederschlag in den Evangelien gefunden. Zum Zeichen dafür, daß unser Weihekandidat das Zeugnis der Apostel vom gekreuzigten und auferstandenen Herrn zu verkünden hat, werde ich ihm zum Weihegebet das Evangelium aufs Haupt legen.

Zeichen der Gegenwart Christi

Zum Christuszeugnis, das dem Bischof aufgetragen ist, gehört es auch, daß er selbst ein lebendiges Zeichen der Gegenwart Christi in der Kirche heute ist. Das Konzil lehrt: "In den Bischöfen, denen die Priester zur Seite stehen, ist inmitten der Gläubigen der Herr Jesus Christus, der Hohepriester, anwesend" (Lumen Gentium 21). Am Bischof sollen die Menschen sehen, daß der auferstandene Herr nicht nur damals den Seinen nahe war, sondern auch heute in der Kirche lebt; daß Jesus bei uns ist und wir bei ihm sind. Nur so ist Kirche möglich.

Kirche entsteht nämlich nicht dadurch, daß wir uns miteinander verbinden; so entsteht ein Verein, ein Club, aber keine Kirche. Kirche entsteht dadurch, daß wir mit dem auferstandenen Herrn verbunden und dadurch auch miteinander zusammengefügt werden. An dieser lebendigen Verbindung mit dem Herrn hängt es, daß wir Kirche sind.

Die bischöflichen Insignien machen sichtbar, daß der Bischof ein lebendiges Zeichen der Gegenwart Christi ist. Der Bischofsring weist hin auf Christus, den Bräutigam der Kirche; die Mitra weist auf Christus, den Herrn und das Haupt der Kirche, und der Hirtenstab auf Christus, den Guten Hirten, der uns ins ewige Leben führt. Durch den Bischof sagt uns Christus: *"Seid gewiß: ich bin bei euch alle Tage"* (Mt 28,20).

Gottes Kraft in menschlicher Schwachheit

So erhaben der bischöfliche Dienst ist, das Bischofsamt beschränkt sich nicht auf das Pontifikalamt. Was Paulus von seinen apostolischen Erfahrungen sagt, gilt auch für uns Bischöfe. Wir tragen den uns anvertrauten Schatz des Evangeliums und des darin beschlossenen Heiles für die Menschen in zerbrechlichen Gefäßen. Wir selbst sind zerbrechliche Gefäße, weil wir schwache Menschen sind. Von uns aus sind wir unfähig für den uns anvertrauten Dienst. Uns selbst können wir nichts zuschreiben. *"Unsere Befähigung stammt von Gott. Er hat uns fähig gemacht, Diener des Neuen Bundes zu sein"* (2 Kor 4,5f.). Wir selbst müssen uns immer wieder trösten mit dem Wort, mit dem Paulus seine Erfahrung wiedergibt: *"Die Kraft Gottes kommt in der Schwachheit"* - unserer Schwachheit - *"zur Vollendung"* (vgl. 2 Kor 12,9). Das gilt auch heute, auch für den neuen Bischof.

Prophetisches Zeichen

Wie geht es nun, wenn wir unser Zeugnis für den auferstandenen Herrn ablegen? Wir begegnen Menschen, die ihr Herz für Gottes Wort öffnen und dankbar das Zeugnis vom auferstandenen Herrn annehmen und danach ihr Leben gestalten. Wir begegnen aber auch Menschen, die das, was wir ihnen in Jesu Namen bringen, gar nicht wollen. Es gibt zunehmend Menschen, die den Sinn ihres Lebens nur in der sichtbaren, mit Händen zu greifenden Welt sehen. Es scheint, sie hätten die Fähigkeit verloren, auch nur eine Ahnung zu haben, daß es noch etwas anderes gibt. Auch heute gibt es in der Welt Widerstand gegen Gott, obwohl er doch um sie wirbt bis zur Hingabe seines Sohnes in den Tod am Kreuz.
Diesen Widerstand bekommen wir zu spüren, nicht nur wir Bischöfe, sondern auch unsere Priester und alle, die sich mit uns um die Verkündigung des Evangeliums mühen. Doch darf uns solche Erfahrung nicht in die Resignation treiben. Haben doch alle Menschen einen unbeschreiblichen Hunger nach Freude ohne Ende, nach Glück ohne Schatten, einen Hunger, den allein Gott

stillen kann, Gott, der sich durch unseren Dienst an die Menschen verschenken will.
Lieber Mitbruder, Du wirst nun durch die Weihe in das Bischofskollegium aufgenommen, um zusammen mit uns Zeuge der Auferstehung zu sein. Du wirst in den bischöflichen Dienst hineingeworfen, wie Jona ins aufgewühlte Meer geworfen wurde. Aber Du wirst nicht untergehen, wie Jona nicht untergegangen ist, sondern zum prophetischen Zeichen des Auferstandenen wurde. Du bezeugst nämlich nicht nur den auferstandenen Herrn, Du hast auch teil an seinem österlichen Sieg. Wie er durch sein Leiden den Ostersieg errang, will er auch durch Deine Mühen und Sorgen hindurch sich als der Sieger erweisen. Er hat uns bereits den Sieg geschenkt (1 Kor 15,57). Die Kirche, in der Du heute zum Bischof bestellt wirst, ist die Kirche des Auferstandenen. Er lebt in ihr, und keine Macht der Welt kann sie ihm entreißen. *"Die Mächte der Unterwelt werden sie nicht überwältigen"* (Mt 16,18).

In der Kraft des Heiligen Geistes

Lieber Mitbruder, im Weihegebet erbitten wir Dir vom Vater die Kraft des Heiligen Geistes, daß Du zusammen mit uns stets ein glaubwürdiger Zeuge des auferstandenen Herrn sein kannst. Darum bitten nicht nur wir Bischöfe, auch alle Gläubigen hier in der Frauenkirche tragen gemeinsam mit uns diese Bitte vor Gott.
Vom römischen Priester Hippolyt stammt aus dem Anfang des 3. Jahrhunderts die erste Beschreibung einer Bischofsweihe. Dort heißt es: Während die Bischöfe dem Erwählten die Hände auflegen, "sollen alle schweigen und in ihrem Herzen um die Herabkunft des Heiligen Geistes beten". Das wollen auch wir tun. Beten Sie mit uns Bischöfen inständig um die Herabkunft des Heiligen Geistes, während wir unserem erwählten Mitbruder in tiefem Schweigen die Hände auflegen! So sind Sie nicht Zuschauer dieser Weihe, sondern wirken

selbst mit, und zwar an entscheidender Stelle, auf daß der neue Bischof ein kraftvoller Zeuge des auferstandenen Herrn werde und daß durch sein Wirken viele Menschen Gottes teilhaft werden und Freude ohne Ende, Glück ohne Schatten finden.

Bischofsweihe von Weihbischof Dr. Bernhard Haßlberger,
29.6.1994 im Liebfrauendom zu München

Mit euch - für euch

Sie haben lange auf den neuen Bischof gewartet und viel um einen guten Bischof gebetet. Heute ist das Warten zu Ende, das Gebet erhört. Heute erhalten Sie Ihren neuen Bischof.

Dienst an der lebendigen Einheit

Wozu brauchen Sie überhaupt einen Bischof? Sie brauchen ihn, um Kirche sein zu können. Die Kirche ist Gemeinschaft von Menschen, die zueinander gehören, weil sie sich von Christi Liebe haben ergreifen lassen. Die Kirche ist Lebensgemeinschaft mit Jesus Christus für Zeit und Ewigkeit. Jetzt schon gehören wir zu Jesus Christus, und diese Gemeinschaft mit dem Herrn ist Unterpfand, daß wir seiner Auferstehung teilhaft werden und mit ihm in ewiger Freude bei Gott, unserem Vater, leben dürfen. Kirche ist dort, wo Christus ist und Menschen mit ihm verbunden sind.
Dieser lebendigen Einheit mit Christus dient der Bischof. Seine Aufgabe ist es, dafür zu sorgen, daß die Menschen mit Jesus Christus in Verbindung kommen und in ihm das Heil finden. Ja noch mehr - das Zweite Vatikanische Konzil lehrt: "In den Bischöfen, denen die Priester zur Seite stehen, ist inmitten der Gläubigen der Herr Jesus Christus, der Hohepriester, anwesend" (Lumen Gentium 21).

Zeichen der Gegenwart Christi

Das gilt auch von Ihrem neuen Bischof. An ihm sehen Sie, daß Christus als Hirte seines Volkes bei Ihnen ist. Der Bischof ist nicht Christusersatz; denn Christus kann durch nichts und niemand ersetzt werden; wohl aber ist er ein Zeichen, daß Christus in der Kirche von Augsburg gegenwärtig ist. Der Bischof darf Christus nicht verdecken, sondern muß ihn sichtbar machen. Ring,

Mitra und Stab, die ich Ihrem Bischof nachher überreichen werde, machen dies deutlich. Diese Insignien weisen darauf hin, daß an seiner Stelle ein anderer steht, Jesus Christus. Die Gemeinschaft mit dem Bischof ist darum ein Zeichen unserer Gemeinschaft mit Christus. Schrieb doch schon der Märtyrerbischof Cyprian von Karthago im 3. Jahrhundert: "Der Bischof ist in der Kirche, und die Kirche ist im Bischof, und wenn jemand nicht mit dem Bischof ist, ist er nicht in der Kirche" (ep. 66,8). Mit dem Bischof verbunden sein heißt also, mit der Kirche verbunden sein. Mit der Kirche verbunden sein aber heißt, mit Christus verbunden sein. Sie brauchen also den Bischof, um Gemeinschaft mit Christus zu haben, um Kirche zu sein.

Vollmacht durch Handauflegung und Gebet

Niemand kann sich das Bischofsamt selbst aneignen. Durch eine heilige Handlung wird es einem übertragen. Zum Bischof wird man geweiht. Dies geschieht in dieser Stunde an Bischof Viktor Josef, indem wir, die anwesenden Bischöfe, ihm betend die Hände auflegen. Dadurch übertragen wir ihm die bischöfliche Vollmacht, die wir selbst einmal durch die Handauflegung empfangen haben. Diese Handauflegung geht zurück bis auf die Apostel, zu denen der auferstandene Herr gesagt hat: *"Wie mich der Vater gesandt hat, so sende ich euch … Empfangt den Heiligen Geist!"* (Joh 20,21f.). Diese unsere Verbindung mit dem Ursprung, mit den Aposteln und über sie mit Jesus Christus, ist dafür Gewähr, daß das Entscheidende geschieht: daß durch die Auflegung unserer Hände Gott selbst den Erwählten mit seinem Heiligen Geist beschenkt und ihn zum Bischof weiht.

Bischof Hippolyt von Rom verdanken wir die erste Beschreibung einer Bischofsweihe zu Anfang des 3. Jahrhunderts. Dort heißt es zur Handauflegung: "Alle sollen schweigen und in ihrem Herzen um die Herabkunft des Heiligen Geistes beten." Das tun wir auch in dieser Stunde. Wir beten in unseren Herzen, daß Gott seinen Geist, den Geist der Führung, über unseren erwählten Bruder ausgieße. In der Kraft dieses Geistes wird er fortan als Bischof die Kirche von Augsburg leiten. Er tut dies nicht im eigenen Namen, nicht im Namen des Volkes, für das er bestellt ist, sondern im Namen Jesu Christi, *"an Christi Statt"* (2 Kor 5,20), wie es der Apostel Paulus sagt.

Die ihm übertragene Vollmacht, als Bischof die Kirche von Augsburg zu leiten, ist nicht eine Macht, wie sie die Welt versteht. Sie ist geistliche Vollmacht, die zum bischöflichen Dienst an den Menschen befähigt, damit ihnen das Heil zuteil wird. Wie dieser Dienst zu erfüllen ist, zeigt uns Jesus, der von sich sagt: *"Ich bin der gute Hirt. Der gute Hirt gibt sein Leben hin für die Schafe"* (Joh 10,11).

Der Bischof hat Anteil an Christi Hirtentum, der sich unentwegt für die Seinen einsetzte. Dabei wird er immer wieder erfahren, daß er verwundbar und oft auch machtlos ist wie Jesus, der Knecht Gottes. Aufgrund solcher Erfahrungen hat Paulus geschrieben: *"Ich glaube, Gott hat uns Apostel auf den letzten Platz gestellt, wie Todgeweihte"* (1 Kor 4,9). Ihr Bischof wird also nicht für sich geweiht, sondern für Sie.

Als vor bald 30 Jahren Ihr bisheriger Bischof Josef seinen Dienst übernahm, stellte er sein Wirken unter das Leitwort "Plebi Dei peregrinanti - Für das pilgernde Gottesvolk". Getreu diesem Wort hat er sich die drei Jahrzehnte hindurch rastlos eingesetzt für das pilgernde Gottesvolk seines Bistums. Dafür danken wir ihm in dieser Stunde. An seine Stelle tritt nun Bischof Viktor Josef. Auch er stellt sein Wirken unter das Leitwort: "Für euch". Dieses "Für euch" hat sein Maß in Jesus Christus, der sein Leben hingegeben hat für uns alle, bis in den Tod.

In Treue zum Bischof

Liebe Mitbrüder im priesterlichen Dienst, Sie sind in besonderer Weise mit Ihrem Bischof verbunden. Er ist das Haupt Ihrer Gemeinschaft, des Presbyteriums, und Ihre einheitsstiftende Mitte. Der Märtyrerbischof Ignatius von Antiochien hat dies am Beginn des 2. Jahrhunderts bildhaft ausgedrückt: Das Presbyterium ist mit dem Bischof so verbunden wie Saiten mit einer Zither (Eph 4,1). Er sagt aber auch: "Wer hinter dem Rücken des Bischofs etwas tut, dient dem Teufel" (Smyr 9,1). Stehen Sie darum stets in Treue zu Ihrem Bischof. Nur so kann ihm sein Dienst an der Einheit des Bistums gelingen.

Liebe Brüder und Schwestern in der Kirche von Augsburg, derselbe Bischof Ignatius mahnt die Gläubigen: "Hört auf den Bischof, damit auch Gott auf euch höre!" (Polyc 6,1). So bitte ich auch Sie: Hören Sie auf Bischof Viktor Josef, damit auch Gott auf Sie höre. Stehen Sie zu Ihrem Bischof, damit Gott auch zu Ihnen stehe. Helfen Sie ihm durch Gebet und Mitarbeit, damit er bestehen kann, wenn Gott von ihm Rechenschaft fordert über die Aufgabe, die er heute für Sie übernimmt.

In der Liebe vorangehen

Lieber Bruder Viktor Josef, im Evangelium hörten wir, wie Jesus dem Petrus das Hirtenamt übertrug. Nur eine Frage stellte er zuvor, aber diese eine Frage dreimal: "Simon, Sohn des Johannes, liebst du mich?" Und Petrus antwortete: *"Herr, du weißt alles; du weißt, daß ich dich liebhabe"* (Joh 21,15-17). In dieser Stunde, da der Herr Dir das Hirtenamt für die Kirche von Augsburg überträgt, fragt er auch Dich: Viktor Josef, liebst du mich? Deine Antwort kann nur die des Petrus sein: *"Herr, du weißt alles; du weißt, daß ich dich liebhabe."*

Als Sohn des heiligen Benedikt hast Du Dich der bedingungslosen Liebe zu Christus verschrieben. Heißt es doch in seiner Regel, die auch Deine Lebensregel ist:

"Nichts darf der Liebe Christi vorgezogen werden." Hier ist die Quelle der Kraft, die Du brauchst. "Audi fili - Höre, mein Sohn" - so beginnt Benedikts Regel. Auch das ist entscheidend für Deinen bischöflichen Dienst: auf die Stimme des Herrn zu hören, um ihm zu folgen. Denn nur, wenn Du Jesus nachfolgst, kannst Du als Hirte Deinem Volk vorangehen.
Und wenn Dich die Last des Hirtenamtes bedrückt, dann denke an das Wort des großen Bischofs Augustinus, das er in einer Predigt zum Jahrestag seiner Bischofsweihe gesprochen hat: "Je größer die Liebe, desto leichter die Last." Denn die Liebe macht alles leicht.

Bischofsweihe von Bischof Dr. Viktor Josef Dammertz,
30.1.1993 im Mariendom zu Augsburg

In der Sorge des Guten Hirten

"Mit euch" - "für euch"

Zu dritt schauen wir heute zurück auf unsere Weihe zum Bischof vor 25 Jahren. Dieses Fest können wir nicht unter uns allein feiern, wir müssen es mit Ihnen feiern. So persönlich die Berufung ins Bischofsamt ist, was Gott damals an uns getan hat und seitdem durch uns tat, betrifft Sie alle, das ganze Gottesvolk. Wir wurden ja nicht für uns geweiht, sondern für Sie. Bischof ist keiner für sich selbst, sondern für andere. Viele von Ihnen kennen das Wort, das Augustinus am Jahrestag seiner Bischofsweihe den Gläubigen in Hippo gesagt hat: "Mit euch bin ich Christ, für euch bin ich Bischof." Dieses Wort gilt auch für uns. Durch die Weihe wurden wir nicht von Ihnen getrennt, sondern noch tiefer mit Ihnen verbunden. Zu dem "mit euch" kam noch das "für euch". So bekräftigen auch wir heute bei dieser Feier unsere Verbundenheit mit Ihnen: "Mit euch sind wir Christen, für euch sind wir Bischöfe." Darum feiern wir unser Bischofsjubiläum mit Ihnen, und wir danken Ihnen, daß Sie es mit uns feiern.

Vom Heiligen Geist bestellt

Diese unsere Verbundenheit ist sehr tief. Denn Gott selbst hat uns zusammengefügt. Wir haben zwar von Bischöfen die Bischofsweihe empfangen, die beiden Herrn Weihbischöfe von Kardinal Julius Döpfner, ich von meinem Speyerer Vorgänger Isidor Markus Emanuel, der wiederum vom damaligen Erzbischof von München und Freising, Kardinal Josef Wendel, zum Bischof geweiht worden war. Aber in dem, was diese Bischöfe vor 25 Jahren an uns taten, war Gott selbst am Werk. Er ist es, der zu Bischöfen bestellt. *"Gebt acht auf euch und auf die ganze Herde, in der euch der Heilige Geist zu Bischöfen bestellt hat, damit ihr als Hirten*

für die Kirche Gottes sorgt" (Apg 20,28). Dieses Wort des Apostels Paulus gilt auch heute.
Weil Gott uns, Bischöfe und Gottesvolk, zusammengefügt hat, können wir nur bestehen, wenn wir zusammenstehen. Im 3. Jahrhundert sagte der Märtyrerbischof Cyprian von Karthago: "Der Bischof hat durch seine Kirche und eine Kirche hat durch ihren Bischof Bestand" (ep. 66,8). Wir brauchen also einander.

In der Sorge des Guten Hirten

Die Aufgabe, die uns übertragen wurde, lautet: *"Sorgt als Hirten für die Kirche Gottes"* (vgl. Apg 20,28). Hirten sollen wir sein. Doch im Evangelium haben wir gehört, der Hirte der Kirche ist Jesus Christus. "Ich bin der gute Hirt" (Joh 10,11). Jesus, der Gute Hirt, ist bei uns alle Tage. So hat er es uns verprochen (Mt 28,20). Er ist immer bei uns, weil er für uns sorgt, daß wir den Weg zu Gott finden und so unser ewiges Heil erlangen.
Dazu nimmt er Menschen in seinen Dienst, in einer besonderen Weise die Bischöfe. Wir Bischöfe sollen seine Gegenwart in der Kirche und seine Hirtensorge unter den Menschen sichtbar machen. Durch unseren Dienst zeigt er allen: Ich bin bei euch. Auf ihn verweisen darum die bischöflichen Amtszeichen wie zum Beispiel der Hirtenstab. Diese Insignien sollen nicht uns hervorheben, sondern sichtbar machen, daß Jesus, unser Guter Hirte, bei uns ist. Dem dient auch der bischöfliche Gruß: Der Friede sei mit euch! Dies ist ja der Gruß, mit dem der Auferstandene am Ostertag in die Mitte seiner Jünger trat. Mit diesem Gruß wird uns gesagt: Der auferstandene Herr ist auch in unserer Mitte.
Durch unseren Dienst sollen die Menschen nicht nur auf Jesu Gegenwart verwiesen werden, sie sollen auch Jesu Hirtensorge spüren und erfahren. Unser Auftrag ist es, in Jesu Namen Menschen zu seinen Jüngern zu machen und sie auf den Weg des Heils, zu Gott zu führen. Wir sollen ihnen diesen Weg zeigen, indem wir ihnen das

Wort Gottes verkünden, aber auch dadurch, daß wir mit ihnen diesen Weg gehen und ihnen dabei vorangehen, wie ein Hirte den seiner Sorge Anvertrauten vorangeht; wir sollen sie gleichsam mitnehmen auf dem Weg zu Gott. Darum bedrückt es uns schwer, wenn sich Menschen von der Kirche und damit von Jesus Christus abwenden. Wer der Kirche den Rücken kehrt, kehrt Christus den Rücken. Man kann Christus und Kirche nicht auseinanderreißen. Denn Jesus Christus ist mit der Kirche untrennbar verbunden, wie das Haupt mit dem Leib verbunden ist. Beide gehören zusammen. Ohne Jesus Christus wäre die Kirche nicht Kirche. Er ist es, der die Kirche zur Kirche macht.

"Alle lieben"

Wie sieht unser Dienst aus? Viele meinen, er bestünde hauptsächlich in Pontifikalämtern und Firmungen. Ich will Ihnen einmal mit den Worten des heiligen Augustinus den Alltag eines Bischofs schildern. Obwohl seit Augustinus mehr als eineinhalb Jahrtausende vergangen sind, hat sich im Grunde daran wenig geändert. In einer Predigt zum Jahrestag seiner Bischofsweihe zählt er auf, was er tagtäglich zu tun hat:

"Unruhestifter zurechtweisen,
Kleinmütige trösten,
sich der Schwachen annehmen,
Gegner widerlegen,
sich vor Nachstellern hüten,
Ungebildete lehren,
Träge wachrütteln,
Händelsucher zurückhalten,
Eingebildeten den rechten Platz anweisen,
Streitende besänftigen,
Armen helfen,
Unterdrückte befreien,
Gute ermutigen,

Böse ertragen,
und - ach - alle lieben!"

Wie weit wir diese Aufgabe erfüllt haben, weiß ich nicht. Das weiß Gott allein. Sicher sind wir hinter unserem hohen Auftrag zurückgeblieben. Aber eines darf ich Ihnen versichern: Was Augustinus am Ende seines Aufgabenkatalogs mit einem Seufzer nennt - "und - ach - alle lieben" -, das zu tun haben wir uns ehrlich bemüht.
Und ich darf mir am heutigen Tag vom heiligen Paulus die Worte leihen, die er an die Gemeinde zu Philippi geschrieben hat, welche ihm besonders nahe stand, und Ihnen sagen: *"Ich [habe] euch [alle] ins Herz geschlossen"* (Phil 1,7).

Dank für das Miteinander

Zu dem Jubiläum, das wir heute feiern, gehört der Dank. Unser Dank gebührt Gott. Er verteilt die Dienste und Ämter. Er ist es, der uns ins Bischofsamt berufen hat. Er hat uns die 25 Jahre stets mit seinem Segen begleitet. Darum danken wir ihm in dieser Eucharistiefeier.
Wir haben in dieser Stunde aber auch vielen Menschen zu danken, all denen, ohne die unser bischöflicher Dienst in diesen 25 Jahren nicht möglich gewesen oder fruchtlos geblieben wäre. Wir danken den vielen Gläubigen, die all die Jahre hindurch treu zur Kirche und uns Bischöfen, und das heißt treu zu Jesus Christus gestanden haben und stehen. Besonderen Dank schulden wir den Priestern, unseren ersten Mitarbeitern. Sie tragen die Hauptlast der immer schwieriger gewordenen Seelsorge. Wir danken den Diakonen und den Laien im kirchlichen Dienst für ihre Arbeit, die aus dem Leben der Kirche nicht mehr wegzudenken ist. Wir danken den Ordensleuten für ihr Zeugnis in der Nachfolge Jesu. Wir danken den vielen, die ehrenamtlich Dienste

leisten und dadurch zur Lebendigkeit der Kirche beitragen. Unser Dank gilt den Familien, die das Familiengebet pflegen und treu miteinander zum sonntäglichen Gottesdienst kommen. Wir danken allen, die sich trotz aller Schwierigkeiten unserer Jugend annehmen; den Eltern, die ihre Kinder zu Christus führen; den Religionslehrern und allen, die sich der christlichen Unterweisung der Jugend widmen. Wir danken auch den Jugendlichen, die einen Idealismus zeigen, der so manchen Erwachsenen beschämen kann. Wir danken auch allen, die ein öffentliches Amt bekleiden und sich aus christlicher Haltung und Verantwortung vor Gott für das Wohl der Menschen in unserem Gemeinwesen einsetzen. Dank schulden wir den alten und kranken Menschen für ihr Beten und Opfern und schließlich den vielen treuen Betern, die durch ihr Gebet unser bischöfliches Wirken haben fruchtbar werden lassen. Auf sie alle sind wir angewiesen, damit unser Dienst nicht ins Leere geht, sondern Frucht trägt. Für dieses Miteinander im Dienst des Herrn danken wir allen.
Diesen unseren Dank nehmen wir jetzt hinein in die Feier der Eucharistie. In ihr danken wir Gott, unserem Vater, der uns in Jesus Christus mit allem Segen seines Geistes gesegnet hat (vgl. Eph 1,3). Ihm gehört unser Dank, alle Ehre und aller Lobpreis jetzt und in Ewigkeit.

25jähriges Bischofsjubiläum von Kardinal Friedrich Wetter sowie der Weihbischöfe Matthias Defregger und Ernst Tewes, 17.10.1993, Liebfrauendom zu München

Glaubwürdige Boten im Zeichen des Kreuzes

Im Evangelium geht es um die Glaubwürdigkeit der Botschaft. Menschen fordern von Jesus ein Zeichen; erst dann wollen sie glauben. Jesus antwortet: *"Diese Generation ... fordert ein Zeichen; aber es wird ihr kein anderes gegeben werden als das Zeichen des Jona"* (Lk 11,29). Nicht ein Mirakel macht die Botschaft glaubwürdig, sondern der Bote, an dessen Schicksal erkennbar wird, daß Gott mit ihm ist und die Hand im Spiel hat.

Erfülltes Zeichen

Bei Jona wurde dies deutlich. Er wollte nicht nach Ninive, sondern floh auf dem Schiff in die entgegengesetzte Richtung. Während des Sturmes wird er ins Meer geworfen und dem Tod überantwortet. Aber im Bauch des Fisches wird er von Gott gerettet und zu seiner Prophetenaufgabe geführt. Und Ninive glaubt und bekehrt sich.
Im Schicksal des Jona sieht Jesus sein eigenes Schicksal dargestellt. Bei Matthäus sagt er: *"Wie Jona drei Tage und drei Nächte im Bauch des Fisches war, so wird auch der Menschensohn drei Tage und drei Nächte im Inneren der Erde sein"* (Mt 12,40). In Jesus hat sich das Zeichen des Jona erfüllt: Am Kreuz wurde er dem Tod überantwortet und dann ins Grab gelegt. Aber am dritten Tag wurde er vom Vater glorreich von den Toten erweckt und lebt nun. Gott ist mit ihm. Darum können wir ihm glauben.

Glaubwürdig im Zeichen des Kreuzes

Gibt es das Zeichen des Jona auch für die späteren Generationen? Die Apostel verkünden das Zeichen des Jona: *"Christus ist für unsere Sünden gestorben ... und ist begraben worden. Er ist am dritten Tag auferweckt worden"* (1 Kor 15,3f.). Sie verkünden nicht nur das Zeichen des Jona, diese Botschaft prägt ihr Leben und ihren missionarischen Dienst. Im Apostel wird das Zeichen des Jona sichtbar und erlebbar. Paulus beschreibt, wie es ihm als Boten des Evangeliums ergeht: *"Von allen Seiten werden wir in die Enge getrieben und finden doch noch Raum; wir wissen weder aus noch ein und verzweifeln dennoch nicht; wir werden gehetzt und sind doch nicht verlassen; wir werden niedergestreckt und doch nicht vernichtet. Wohin wir auch kommen, immer tragen wir das Todesleiden Jesu an unserem Leib, damit auch das Leben Jesu an unserem Leib sichtbar wird. Denn immer werden wir, obgleich wir leben, um Jesu willen dem Tod ausgeliefert, damit auch das Leben Jesu an unserem sterblichen Fleisch offenbar wird"* (2 Kor 4,8-11). Der Apostel erfährt Jesu Todesleiden am eigenen Leib, aber darin wird auch das Leben Jesu sichtbar, das österliche Leben, das Jesus vom Vater erhalten hat und stärker ist als der Tod. Er verkündet nicht nur das Zeichen des Jona, er erfährt es am eigenen Leib. Ein solcher Bote ist glaubhaft.

Teilhabe an Jesu Weg

Und wie ist das heute? Was wir von Paulus erfahren, können wir auch in unserer Zeit erfahren. Denken wir doch nur, was unsere Brüder und Schwestern in den vergangenen Jahrzehnten im Osten Europas mitgemacht haben. Gewiß gab es auch Schwäche. Aber wieviele haben in einem starken Glauben Christus und seiner Kirche die Treue gehalten trotz Benachteiligung, Unterdrückung, Gefängnis, Verbannung und Tod. Viele meinten, die Kirche liege dort im Sterben; doch siehe, sie lebt. Ihr Leben hat sich stärker erwiesen als jene, die ihr den Todesstoß versetzen wollten. Das ist Teilhabe am Schicksal Jesu Christi, Zeichen des Jona in unseren Tagen.

Gilt das nicht auch für uns? Uns ist aufgetragen, die Auferstehung des Gekreuzigten zu bezeugen, nicht nur in Worten. Unser Zeugnis wird nur glaubwürdig, wenn das Zeichen des Jona auch an uns sichtbar wird. Über Mangel an Gelegenheit dazu haben wir uns nicht zu beklagen. Die Kirche unserer Tage trägt das Todesleiden Jesu an ihrem Leib. Nicht wenige laufen ihr davon und sagen ihr das Ende voraus. Ohnmächtig stehen wir den Trends der Zeit gegenüber. Wir werden lächerlich gemacht und verspottet. Ist da nicht Teilhabe am Schicksal des angespieenen und verspotteten Jesus, der ohnmächtig an die Geißelsäule gebunden ist? - Doch siehe, wir leben. Wieviele Gläubige lassen sich durch das, was über die Kirche hereinstürzt, nicht entmutigen, sondern halten im Glauben dem Herrn die Treue, setzen sich ein für Kirche und die Weitergabe des Glaubens und kommen in Gruppen zum Gebet und Bibelteilen zusammen, um sich im Glauben zu stärken und andere davon zu entzünden! Das ist Zeichen des Jona bei uns.

Weil der Herr mit uns ist

Oft stehen wir Bischöfe im Brennpunkt der Anfeindungen, die die Kirche erfährt. Vergessen wir nicht, daß dies zu unserem Dienst in der Nachfolge der Apostel gehört. Auch wir müssen wie Paulus das Todesleiden Jesu an unserem Leibe tragen, damit das Leben Jesu durch uns offenbar wird. Wir haben das Zeichen des Jona nicht nur zu verkünden, wir müssen es auch am eigenen Leib erfahren. Mögen wir auch immer wieder in die Wogen der stürmischen Zeit geworfen werden, siehe, wir leben, nicht aus eigener Kraft, sondern weil der Herr mit uns ist. Je deutlicher dieses Zeichen erkennbar ist, desto eher wird auch heute geschehen, was durch Jona einst in Ninive geschah: Die Menschen werden sich bekehren und glauben.

Gottesdienst zur Frühjahrsvollversammlung der Deutschen Bischofskonferenz, 11.3.1992 im Mariendom zu Freising

Christi Gegenwart im apostolischen Dienst

In einer Predigt zum Jahrestag seiner Bischofsweihe sagte Leo der Große: "Das Fest des Bischofs ist eine Freude für das Volk." Das gilt heute auch für uns, ja sogar in vielfältiger Weise. Denn wir begehen nicht nur das Fest eines Bischofs. Zu dritt feiern wir den 20. Jahrestag unserer Bischofsweihe, und Herr Weihbischof Engelbert Siebler feiert sein Silbernes Priesterjubiläum. Mit uns stehen Mitbrüder am Altar, die vor 40 und vor 50 Jahren zu Priestern geweiht wurden. So vervierfacht, ja vervielfacht sich heute die Freude des Volkes Gottes. Und es vervielfacht sich auch der Dank für die Gnadengabe, die Gott uns in der Bischofs- und Priesterweihe geschenkt hat.

Das Gesetz des "für euch"

Warum ist unser Fest eine Freude für Sie alle? Wir wurden nicht für uns geweiht. Unser Leben steht unter dem Gesetz des "für euch". Es ist das innere Gesetz des Lebens Jesu, der in der Nacht vor seinem Leiden seinen Jüngern das Brot reichte und sprach: *"Das ist mein Leib, der für euch hingegeben wird"* (Lk 22,19). Bei der Feier der Eucharistie dürfen wir in Jesu Namen dieses Wort sprechen, das uns in Pflicht nimmt, in seiner Nachfolge unser eigenes Leben zu einem Leben "für euch" zu machen. Nicht für uns, sondern für Sie wurden wir geweiht. Darum ist unser Fest eine Freude für Sie alle und ein Grund, gemeinsam dem Herrn zu danken. Denn Gottes Gnadengabe, unsere Weihe, ist ein Geschenk an die Kirche, ein Geschenk an Sie alle.

Den Auferstandenen vergegenwärtigen

Was ist das für ein Geschenk? Am Ostertag trat Jesus in die Mitte seiner Jünger und sagte zu ihnen: "Friede sei

mit euch!" (Joh 20,19; Wahlspruch von Kardinal Wetter). Dann hauchte er sie an und schenkte ihnen den Heiligen Geist. Was an Ostern geschah, war Anfang und dauert in der Kirche fort durch alle Zeiten. Darum bestellt der Herr in der Nachfolge der Apostel immer wieder Bischöfe, um durch ihren Dienst selbst inmitten der Seinen als der Auferstandene gegenwärtig zu sein und uns mit einem lebendigmachenden Geist zu erfüllen. Das Zweite Vatikanische Konzil lehrt daher: "In den Bischöfen, denen die Priester zur Seite stehen, ist also inmitten der Gläubigen der Herr Jesus Christus, der Hohepriester, anwesend. Zur Rechten des Vaters sitzend, ist er nicht fern von der Versammlung seiner Bischöfe, sondern vorzüglich durch ihren erhabenen Dienst verkündet er allen Völkern Gottes Wort und spendet den Glaubenden immerfort die Sakramente des Glaubens" (Lumen Gentium 21). Das Geschenk besteht also darin, daß durch den Dienst des Bischofs - und Entsprechendes gilt auch vom Dienst des Priesters - Christus sich selbst in unserer Mitte vergegenwärtigt als der Spender des Heils.
Wir Bischöfe entbieten zu Beginn der heiligen Messe den Gläubigen den Gruß des Auferstandenen: "Der Friede sei mit euch!" Das ist nicht ein leeres Wort, sondern kündet die Wirklichkeit: Der Auferstandene ist selbst in unserer Mitte wie am ersten Ostertag, um uns mit seinem Geist zu erfüllen und uns seinen Frieden zu schenken, das Heil, das er selbst ist.
In unserem bischöflichen Dienst geht es also nicht um uns, sondern um den Herrn. Auf ihn kommt es an. Ihn haben wir zu verkünden, auf daß die Menschen zum Glauben an ihn kommen und mit Petrus bekennen: *"Du bist der Messias, der Sohn des lebendigen Gottes"* (Mt 16,16)! Durch unser Tun sollen die Menschen zu Christus finden, ihm begegnen, um teilzuhaben an seinem Leben, um hineingenommen zu werden in jene beglükkende Gemeinschaft, in der Jesus beim Vater lebt.

Den Brüdern und Schwestern dienen

In allem, was wir tun, kommt es auf Jesus an: *"Nur einer ist euer Meister"* (Wahlspruch von Weihbischof Tewes), *"ihr alle aber seid Brüder"* (Mt 23,8). Mit diesem Wort sagt uns Jesus, wer der Herr im Haus der Kirche ist, nämlich er selbst. Alle Ehre, die uns erwiesen wird, gehört darum ihm. Und wenn wir in seinem Namen die Kirche leiten, so ist das nicht Herrschaft von Menschen über Menschen, vielmehr leitet Christus durch die Bischöfe seine Kirche und übt durch unseren Dienst seine Herrschaft aus, die ihm der Vater übergeben hat. *"Mir ist alle Macht gegeben im Himmel und auf der Erde"* (Mt 28,18).

So groß die Gnadengabe des Amtes ist, das der Herr uns anvertraut hat, wir bleiben Ihre Brüder: *"Nur einer ist euer Meister, ihr alle aber seid Brüder"* (Mt 23,8). So hoch das geistliche Amt ist, zu dem uns der Herr berufen hat, dürfen wir uns nicht über Sie, unsere Brüder und Schwestern, erheben. Wir sind ja geweiht zum Dienst an Ihnen. Unsere Größe besteht darin, daß wir Ihnen dienen. In der Kirche dürfen nicht die Maßstäbe der Welt gelten. Hier gilt das Wort des Herrn: *"Wer bei euch groß sein will, der soll euer Diener sein, und wer bei euch der Erste sein will, soll der Sklave aller sein"* (Mk 10,43f.; Wahlspruch von Weihbischof Defregger).

Wenn wir heute unseren Weihetag festlich begehen, so gehört dazu auch die Bereitschaft, Ihnen als unseren Brüdern und Schwestern auch weiterhin selbstlos zu dienen in der Nachfolge Jesu, der unser aller Diener geworden ist. Dies schließt auch die Bereitschaft mit ein, Leid zu ertragen. Die apostolische Nachfolge bedeutet ja nicht nur geistliche Vollmacht in der Kirche, zu ihr gehören auch Mühen und Leiden um des Evangeliums willen. Oft wird das nicht gesehen. Was Paulus von seinem Apostedienst sagt, gilt auch heute von denen, die in der Nachfolge der Apostel stehen: *"Von allen Seiten werden wir in die Enge getrieben und fin-*

den doch noch Raum; wir wissen weder aus noch ein und verzweifeln dennoch nicht; wir werden gehetzt und sind doch nicht verlassen; wir werden niedergestreckt und doch nicht vernichtet. Wohin wir auch kommen, immer tragen wir das Todesleiden Jesu an unserem Leib, damit auch das Leben Jesu an unserem Leib sichtbar wird. Denn immer werden wir, obgleich wir leben, um Jesu willen dem Tod ausgeliefert, damit auch das Leben Jesu an unserem sterblichen Fleisch offenbar wird. So erweist an uns der Tod, an euch aber das Leben seine Macht" (2 Kor 4,8-12).
Liebe Brüder und Schwestern, so möge durch unseren bischöflichen Dienst das Leben des auferstandenen Christus an Ihnen allen seine Macht erweisen!

Den Anspruch des Herrn geltend machen

Wir haben bei unserer Weihe vor 20, 25, 40 und 50 Jahren *"die Hand an den Pflug gelegt"* (Lk 9,62; Wahlspruch von Weihbischof Siebler). Wir schauen heute auf diese Jahre zurück, nicht um etwas rückgängig zu machen, sondern um zu danken und die Hand aufs neue und noch entschlossener an den Pflug zu legen. Keiner von uns bereut es, damals dem Ruf des Herrn gefolgt zu sein. Wir danken dem Herrn für die Gnadengabe des geistlichen Amtes, mit dem er uns und dadurch seine Kirche beschenkt hat. Wir danken ihm durch die erneute Bereitschaft, die Hand fest am Pflug zu halten, sein Ackerfeld zu bestellen und den Samen seines Wortes auszustreuen. Dazu gehört aber auch Ihre Bereitschaft, unseren Dienst anzunehmen, auch dann, wenn dies mit hohen Anforderungen verbunden ist. Als Boten des Evangeliums haben wir keine Ansprüche für uns selbst zu stellen, aber wir haben den Anspruch Jesu Christi geltend zu machen. Und was er von uns fordert, ist nicht wenig. Denn er fordert von uns nicht weniger als uns selbst.

Nachfolge auf dem Weg des Kreuzes

Darum geht es im Glauben: loszulassen von allem selbstsüchtigen Streben und uns Gott zu übereignen. *"Wer nicht sein Kreuz auf sich nimmt und mir nachfolgt, ist meiner nicht würdig"* (Mt 10,38). Als Angehörige einer von materiellem Wohlstand gesegneten Gesellschaft dürfen wir dieses Wort des Herrn nicht vergessen. Man kann auch vor der Botschaft, die wir verkünden, Ohren und Herz verschließen, um den bequemen Weg zu gehen, der uns nicht ans Ziel, sondern in die Irre führt. Das ist nicht der Weg Christi und nicht der Weg des Christen.

Zum Glauben gehört die Nachfolge des Herrn, der uns mit dem Kreuz vorangegangen ist. Nur so bringen wir Früchte des Glaubens, der ins ewige Leben, in Gottes Glück und Freude führt. Um Ihres Heiles willen, um des Gelingens Ihres Lebens willen bitte ich Sie, nehmen Sie unseren Dienst an.

Ich bitte Sie aber auch um Ihr Gebet für uns, daß wir unseren Dienst allezeit treu, demütig und kraftvoll erfüllen und wir am Ende unseres Lebens mit dem heiligen Paulus sagen können: *"Ich habe den guten Kampf gekämpft, den Lauf vollendet, die Treue gehalten"* (2 Tim 4,7), und der Herr am Tage des Gerichtes uns, seinen Knechten, den Siegeskranz des ewigen Lebens schenkt.

Gottesdienst zur 20-Jahrfeier der Bischofsweihe des Erzbischofs Kardinal Friedrich Wetter und der Weihbischöfe Matthias Defregger und Ernst Tewes, 29.6.1988 im Liebfrauendom zu München

REGISTER

Schriftstellenregister

Personenregister

Sachregister

Die Ansprachen der Seiten 25, 30, 41, 45, 63, 65, 75, 81, 90, 94, 99, 107, 113, 117, 169, 181, 202, 205 sind mit geringfügigen Überarbeitungen dem im Echter-Verlag Würzburg erschienenen Werk: Kardinal Friedrich Wetter, Verkünde das Wort, Würzburg 1993, entnommen.